ワーク・ライフ・バランスを実現する職場

見過ごされてきた上司・同僚の視点

細見 正樹

大阪大学出版会

目　次

第1章　本書の目的および全体構成 …………………………… 1

1.1　ワーク・ライフ・バランスの重要性 …… 3
1.2　ワーク・ライフ・バランス研究の問題点 …… 6
1.3　資源保存理論のリソース …… 10
1.4　本書の目的 …… 11
1.5　本書の構成 …… 12

第2章　家庭生活と創造的職務行動 …………………………… 19

2.1　本章の目的 …… 22
2.2　理論および仮説 …… 24
　2.2.1　理論的背景　24
　2.2.2　F → W 促進　26
　2.2.3　担当職務の自由度　27
　2.2.4　集権性　28
　2.2.5　交互作用　28
2.3　調査方法 …… 30
　2.3.1　分析データ　30
　2.3.2　従属変数　31
　2.3.3　独立変数および調整変数　31
　2.3.4　統制変数　32
2.4　結果 …… 32
　2.4.1　因子分析および信頼性分析　32

 2.4.2 基本統計量　34
 2.4.3 仮説の検証　34
 2.4.4 仮説 4・5 の検証　37
2.5 小括 …… 39

第 3 章　ワーク・ライフ・バランス支援制度の効果 …… 43

3.1 既存研究 …… 45
3.2 理論および仮説 …… 49
 3.2.1 調査のフレームワーク　49
 3.2.2 仮説　50
3.3 調査方法 …… 54
 3.3.1 分析データ　54
 3.3.2 使用変数　55
3.4 結果 …… 56
 3.4.1 因子分析および信頼性分析　56
 3.4.2 基本統計量　57
 3.4.3 仮説の検証　57
3.5 小括 …… 60

第 4 章　ミドルマネジャーの寛容度 …… 63

4.1 本章の目的 …… 66
4.2 既存研究 …… 68
4.3 理論および仮説 …… 72
 4.3.1 Job Demands-Resources モデル　72
 4.3.2 担当職務の自由度　76
 4.3.3 上司からの仕事の支援　77
 4.3.4 媒介仮説　79
4.4 調査方法 …… 81

- 4.4.1 分析データ　81
- 4.4.2 従属変数および媒介変数　82
- 4.4.3 独立変数　83
- 4.4.4 統制変数　83
- 4.5 結果 …… 84
  - 4.5.1 因子分析および信頼性分析の結果　84
  - 4.5.2 仮説の検証　86
- 4.6 小括 …… 92

第5章　同僚従業員の業務負担予測と寛容度 …… 99

- 5.1 本章の目的 …… 101
- 5.2 同僚従業員の態度 …… 102
- 5.3 理論および仮説 …… 104
  - 5.3.1 本章のフレームワーク　104
  - 5.3.2 仮説　105
- 5.4 調査方法 …… 112
  - 5.4.1 調査対象およびサンプル　112
  - 5.4.2 使用変数　112
- 5.5 結果 …… 114
  - 5.5.1 因子分析および信頼性分析　114
  - 5.5.2 基本統計量　114
  - 5.5.3 仮説の検証　116
- 5.6 小括 …… 120

第6章　同僚従業員の態度 …… 125

- 6.1 本章の目的 …… 127
- 6.2 ポジティブ・アクションの既存研究 …… 129
  - 6.2.1 WLB研究とPA研究の類似性　129

6.2.2 利益・不利益の度合い　132
    6.2.3 価値観と施策目的との整合性　133
    6.2.4 公平意識　134
  6.3 ワーク・ライフ・バランス研究への適用 …… 136
    6.3.1 PA 研究と WLB　136
    6.3.2 利益・不利益の度合い　137
    6.3.3 価値観と施策目的との整合性　138
    6.3.4 公平意識　140
  6.4 小括 …… 144

第 7 章　総括……………………………………………………………149

  7.1 本書の概要 …… 151
    7.1.1 WLB 支援の効果　151
    7.1.2 周囲の従業員の心理に影響する要因　153
  7.2 本書の学術的貢献 …… 155
    7.2.1 WLB 研究　155
    7.2.2 人的資源管理論　156
    7.2.3 組織論　158
    7.2.4 行政に関する研究　160
  7.3 本研究の実務上の貢献 …… 160
  7.4 本書の限界点 …… 163
  7.5 今後の研究の方向性 …… 164

  参考文献　173
  初出一覧　187
  あとがき　189
  索引　195

第1章
本書の目的および全体構成

1.1　ワーク・ライフ・バランスの重要性

「始終仕事ばかりしていると，頭の働きが鈍くなる。遊んでばかりいても，頭は役に立たなくなる。何らかのバランスをとらなければならない」

「(開拓者精神を失う) そのとき，私たちの前進は終わり，後退が始まるに違いない。……長い間私たちは，各種のアメリカ的なものの保存に取り組んできた。……それは，開拓精神に満ち充ちていた時代のアメリカ人が，いかに働き，いかに生活や余暇を楽しんでいたかを，その姿のままにとどめておきたいからだ。」(Ford, 1988)

アメリカ三大自動車会社の一つ，フォードを創業したヘンリー・フォードの言葉である。彼は，学問としての経営学の黎明期，科学的管理法の発展に寄与した。近年，仕事と生活の調和を意味する「ワーク・ライフ・バランス (以下，「WLB」という。)」に注目が集まってきたが，経営学は長らく仕事の領域を対象としてきた。ただ，経営学の生成および発展に大きく寄与した人物は，既に100年以上前にWLBの重要性を認識していた。

わが国では，2000年頃より育児，介護などの家庭生活や個人生活を充実させることを目的としたWLBが重要であると認識されてきた[1]。その背景には，わが国における少子化が進展していること，それに伴い将来的な労働力人口が減少すると予測されること，長時間労働などの過重労働の問題，および労働者の価値観の変化などがある。わが国において出生率を回復させることで少子化の進展を阻止するためには，仕事と子育てを両立できるよう，政策的・社会的に支援していく必要がある。同時に，これまで

---

[1] わが国では，パク・ジョアン・スックチャがはじめてWLBの概念を紹介したとされている。

第1章　本書の目的および全体構成

働き手として活躍することが難しかった育児や介護責任のある人々や高齢者など，将来の労働力人口の減少に対応して多様な人材を活用するためにも，従業員のWLBを念頭においた働きやすい職場の実現が求められる。また，過重労働は，脳・心臓疾患，精神疾患といった労働災害を引き起こすリスクを高めるため，これらの労働災害を防止するためにも，政府や企業が働く人々のWLBを実現するための取り組みを積極的に推進していくことが求められている。さらに，仕事よりも生活を重視する従業員が増加したため，会社などの組織はこうした従業員ニーズを満たしてやりがいを保つことが求められるようになってきた（佐藤・藤村・八代，2015）。

ここで，本書で扱うWLBおよびそれに関連する概念について若干の説明をする。まず，本書では，WLBを，「女性社員が育児と仕事を両立させている状態」といったように，範囲を限定し，かつ両立（調和もしくはバランス）のみに焦点を当てた概念としてではなく，より広い概念として捉えることとする。たとえば，Chang, McDonald, and Burton (2010) は，WLBを，「仕事と生活の調和がとれていること」「仕事と生活の衝突がないこと」「仕事と生活がお互いに高めあうこと」の3つの側面からなる概念として捉えている。すなわち，Chang et al. (2010) は，WLBを，仕事と生活という2つの領域のバランスがとれているという側面のみならず，お互いが悪い影響を与え合わないということや，逆に，お互いが良い影響を与え合っているという側面にも注目しているのである。そこで，本書においても，Chang et al. (2010) の視点にならい，WLBを，「仕事と生活が調和し，両者が互いに悪い影響をもたらさず，互いに高めあうこと」と定義する[2]。

そして，企業や官公庁などの組織が従業員のWLBを支援するために整備する個別具体的な制度については，「WLB支援制度」という用語を当てることにする[3]。このWLB支援制度は，「育児休業制度」や「短時間勤務制度」などのように，具体的に支援する対象を絞ったかたちで導入される。したがって，組織で働く従業員は，特定のWLB支援制度の存在または利用によって，直接的な恩恵を受ける者と，直接的な恩恵を受けない者とに

分けられる。そのため，本書では，WLB支援制度によって「恩恵を受ける従業員」と，「恩恵を受けない従業員」とを区別する。そして，とりわけWLB支援制度の恩恵を受けない従業員に焦点を当てることに力を注ぐ。これは，以下でも述べるように，WLBに関する学術研究で見過ごされてきた視点であるからである。

さて，2005年ごろから，わが国では内閣府や厚生労働省を中心にWLBの実現に向けた取り組みが始まり[4]，他の省庁や，多くの地方自治体でも，WLBに関する政策が推進されてきた。WLBに関する政策については，もともと育児・介護や労働時間についての取り組みが中心であったが，時間的に制約のある従業員の人事労務管理を行うため，仕事以外の生活時間についても関心が集まるようになってきた（濱口, 2011）。法律上も，労働契約締結の基本的原則を定めた労働契約法第3条第3項において，仕事と生

---

2) 実際，WLBについては様々な定義がなされてきた。たとえばGuest（2002, p. 263）は，「仕事とそれ以外の時間の生活について，バランスがとれている度合い」と定義している。また，Greenblatt（2002, p. 179）は，「仕事とそれ以外の領域の要求度の間に，耐えがたいコンフリクトが生じていないこと」としている。さらに，McCarthy, Darcy, and Grady（2010, p. 158）は「従業員が仕事と仕事以外の領域で経験を充実させるために，組織が提供する施策」と，会社の制度としてWLBを定義している。本書では，McCarthy et al.（2010）と異なり，従業員に対する施策をWLBの定義に含めない。また，Guest（2002, p. 263）のように，バランスがとれているだけでは不十分と考えるため，Chang et al.（2010）と同様に，仕事と生活が調和し，衝突することなく，お互いに高めあうことの3つを含む定義とした。
3) 本書では，「WLB支援制度」とは，職場において従業員が利用する具体的な人事制度（年次休暇を含む）を指す。一方，「WLB施策」とは企業が公式・非公式を問わず，従業員のWLBを充実させるための公式の人事制度や非公式な支援を広く含む概念を指す。
4) 仕事と生活の調和に関して，2005年に厚生労働省所管の「仕事と生活の調和に関する検討会議」の報告書が出された。内閣府でも2007年に男女共同参画会議の専門部会の中に「ワーク・ライフ・バランスに関する専門調査会」を立ち上げた。その後内閣府では，2009年に，内閣府では労使や地方自治体の長などから構成される「仕事と生活の調和推進官民トップ会議」を開催し，仕事と生活の調和（ワーク・ライフ・バランス）憲章」および「仕事と生活の調和推進のための行動指針」が策定された。

活の調和にも配慮することが要請された[5]。企業などの組織においても，WLBの実現を支援するための施策が増加し，様々なWLB支援制度の整備が進められてきた。ただし，当初，政府が女性活用や少子化の観点からWLBの普及と施策の実施に先導的に取り組んできたこともあって，現在においても，女性の育児支援やもう少し幅広い意味での女性活用を目的としたWLB支援がWLB推進策の中心となっている（坂爪，2012；山口，2009；上林・厨子・森田，2010）。しかし，近年では，子育てを行いたい男性従業員も増加傾向にあり，個人生活を充実させたいという希望を持つ従業員も増えている（e.g., 今野・佐藤，2009，佐藤ほか，2015）。そこで，企業や組織が，これらの幅広い従業員のニーズにも配慮したWLB支援制度を整備する動きも出てきている。

1.2　ワーク・ライフ・バランス研究の問題点

　実務界においてWLBが注目されるにつれて，様々な学問分野において，WLBの研究が盛んに行われるようになり，これまで数多くの研究成果が蓄積されてきた。たとえば，労働経済学の分野においては，WLBに関連して男女間格差，育児休業，生活時間の配分についての研究が蓄積されてきた。また，組織心理学の分野においては，仕事と家庭生活の衝突（Work-family conflict）や，仕事と家庭生活とのポジティブな関係などの研究が多くなされてきた。一方，経営学全般においては，従業員の家庭生活や個人生活というのは組織の生産性を高めるうえでの環境要因に過ぎないという見解から，WLB研究はあまり盛んではなかったといえる（森田，2013）[6]。しかし，最近の人的資源管理論では，従業員のWLBの向上が心身上の健康

5）濱口（2011）は，労働契約法に「ライフ」の概念が盛り込まれたことは意義があるとしている。

やりがいの向上を通じて本人の職務成果や中長期的な企業の競争力向上に関連するという認識が広まり，WLB についても経営学や人的資源管理論のトピックと認識されるようになってきている (e.g., 渡辺，2009；上林・厨子・森田，2010；今野・佐藤，2009；佐藤ほか，2015)。また，海外と同じくWLB 施策導入の効果に加えて，WLB を実現するための職場の条件や職場の管理職についての研究も増えてきた (e.g., 武石，2012；松原，2010；坂爪，2007)。このように，学術的な WLB 研究は盛んになってきているものの，ほとんどの研究が，WLB のニーズを持っている従業員，もしくは WLB 支援制度から直接的な恩恵を受ける従業員に焦点を当てたものである。しかしながら，彼らが働く職場においては，WLB の緊迫したニーズのない従業員や，WLB 支援制度から直接的な恩恵を受けない従業員も存在する。別の言い方をすれば，WLB ニーズの高い従業員，WLB 支援制度の恩恵を受ける従業員の周りにいる同僚や上司の多くは，WLB への強いニーズがなかったり，WLB 支援制度から直接的な恩恵を受けたりするわけではないと思われる。では，彼らは，WLB 研究の主たる研究対象として扱わなくてもよいのだろうか。

むしろ，上記のような「WLB 支援制度の恩恵を受けない従業員」「WLBニーズのある従業員の周りにいる同僚や上司」こそが，職場全体の WLBを推進していくうえで不可欠な存在ではないだろうか。というのも，ライフを充実させるニーズのある本人が，WLB 支援制度を利用する際には，制度利用に伴う同僚や上司に与える影響を配慮せざるをえないためである。これまでの調査結果が示すところでは，職場への迷惑となると考えてWLB 支援制度を利用しない従業員が多い (ニッセイ基礎研究所，2003)。ま

---

6) ただし，WLB に注目が集まる以前から，ライフの質と向上についての QWL (Quality of working life；労働生活の質) の研究があった。QWL 研究は，賃金・労働時間など労働生活全般を意味する広義の QWL 研究と，働く作業環境に注目した狭義の QWL 研究に分かれる (奥林，2011)。1960 年代から 80 年代にかけて狭義の QWL，もしくは「労働の人間化」についての研究が注目されたが，WLB やダイバーシティなどライフそのものに焦点が集まるにつれて，注目されなくなってきた (奥林，2011)。

た,WLB支援制度利用者がいる職場でも,従業員の半数近くが仕事に影響があると認識しており,企業側も代替要員の確保やWLB支援制度を利用しない従業員に生じる負担を課題であると認識している(厚生労働省,2014b)[7]。このように職場では代替要員の確保ができず,周囲の従業員の業務負担の増加をもたらすとともに,制度を利用しづらい雰囲気が生じるという問題が生じて,従業員の職務態度の悪化につながると推察できる。

既存研究でも,WLB支援制度の恩恵を受けることの少ない従業員の存在が重要であることが指摘されてきた。たとえば,職場の上司は,部下の人事評価を行い,部下の業務分担にも影響を与えるため,上司がWLB支援制度の利用に肯定的なのか否定的なのかといった態度次第では,部下がWLB支援制度の利用を申し出ることを躊躇することにもなりかねない(藤本,2009b)。また,育児休業制度を取得する際に,育児休業を取得した後,残されたメンバーが業務をどのように肩代わりするのかという問題が育児休業取得の障壁となる(脇坂,2002)。こうして,職場内でWLB支援制度の利用者が出現することによって,職場の同僚や上司に業務上の追加的な負担がかかるとともに,彼(彼女)らが不満を感じることで士気が下がり,職場全体のパフォーマンスが低下する(佐藤・武石,2010)。WLB支援制度の利用に対して否定的な感情を持っていたとしても,上司や同僚自身も,育児や介護などの事情を抱えた制度利用者を気遣うとともに,いわゆるマタニティ・ハラスメントに該当しないよう慎重に発言しようとして,不満を口に出しづらい現状があるかもしれない。こうした現状ではさら

---

[7] 企業が整備した育児休業を取得しなかった理由について従業員を対象に調査を行ったニッセイ基礎研究所(2003)によれば,女性では「職場への迷惑がかかるため」と回答した割合(57.5%)が最も高かった。厚生労働省(2014b)では,WLB支援制度利用者がいる職場の従業員の半数近くが「自身の仕事に影響がある」「自身の仕事にやや影響がある」と回答している。また同調査では,企業も「制度利用者の代替要員の確保が難しい(42.6%)」「業務内容などにより制度の利用しやすさに格差が生じる(21.4%)」「制度利用者の対象外となる人が負担感などを感じてしまう(11.6%)」と回答している割合が高い(重複回答)。

に，職場全体の士気の低下を招きかねない。このように，特定の従業員のWLBを促進することで，周囲の従業員のWLBが損なわれるというジレンマが生じうる（坂爪，2012）。

　WLB施策が円滑に運用されるには，職場内での人間関係や従業員の業務内容など，職場内における従業員の行動に潜む諸要因を踏まえることが必要である（守島，2010a）[8]が，既存研究ではこの視点が不十分だったのではないか。積極的に育児参加したい男性も増える中，男性の育児休業取得率が低く，WLB支援制度を導入しても制度を利用しづらいとたびたび指摘されてきた（e.g., 佐藤・武石，2010；今野・佐藤，2009）。これは職場内で自身の希望を伝えることで生じるコンフリクト（衝突）を避けるためだろう。ただ，組織内で働く人材が多様化すると，わが国でも，職場内でコンフリクトが生じることを前提に円滑なマネジメント方法を研究する必要がある（谷口，2005）。また，最近「女性に優しい」といわれる企業において，育児期の女性を過度に配慮しすぎることで，周囲の従業員に弊害がもたらされることに注目が集まってきた（e.g., 濱口，2015；吉田，2014；石塚，2016）。このような状況がなぜ起こっているのか，どうすればWLB支援制度の利用率を高めながら，働く人々のWLBをより向上させうるのか，職場でどのようなマネジメントを行うのが良いのかを理解するためにも，「WLB支援制度の恩恵を受けない従業員」「WLBニーズのある従業員の周りにいる同僚や上司」の寛容度が，どのような心理メカニズムによって高められるかについて研究を行う必要がある。なお，本書では，寛容度を「特定の人事制度の恩恵を受ける度合いが少ないにもかかわらず，制度を利用することを肯定的に受容する度合い」と定義する。

---

[8] 守島（2010a）は，WLB以外に職場内でのダイナミクスが人事制度の運用に大きな影響を与える人事制度の例として，成果主義的な評価・処遇制度，職場内における非正規従業員のマネジメントを挙げている。

1.3 資源保存理論のリソース

　WLB ニーズのある従業員の周りにいる同僚や上司の心理を理解するにあたって，本書は資源保存理論の「リソース」という概念を用いる。資源保存理論は Hobfoll（1989, 2001, 2002）が示したストレス理論モデルの一つである。この理論では，リソースを「それ自体に中心的な価値があるもの（自尊心，親密な愛情，健康，心の平穏など）と，中心的な価値を持つ目的を入手する手段として働くもの（金銭，ソーシャルサポート（社会的支援），信用など）」（Hobfoll, 2002, p. 307）と定義している。リソースの内容について Hobfoll（1989）は，物体（家など），状態（結婚，学歴など），心理的特性，エネルギー（時間，知識等）に分けている。さらに，業務の支援，上司からの理解，子育てへの支援，自由な時間など，仕事だけでなく家庭生活および個人生活も含めたライフの領域についても，リソースに含まれる（Hobfoll, 2001）。

　リソースが減少すると，WLB 支援制度の恩恵を受けることの少ない従業員はストレスが高まり，WLB 支援制度の利用者に対して寛容でなくなる。Hobfoll（2001）によれば，以下の3つの場合に，リソースの減少がストレス増大につながる。それは，1)「個人のリソースが脅威にさらされるとき」，2)「個人のリソースが実際になくなったとき」，3)「リソースに時間や努力を注いだにもかかわらず，十分なリソースを得られなかったとき」である。これを WLB 支援制度利用者の上司や同僚従業員にあてはめると，制度利用者の業務負担を肩代わりする可能性が生じたり，実際に肩代わりすることにより，自由時間などのリソースが減少もしくはなくなる。また，仕事の時間やコストを余分に費やしても，それに見合う収入などのリソースを得ることができない。このため，その上司や同僚従業員のストレスは高まり，心理的な余裕を失って，寛容度の低下につながると予測する。

　一方，資源保存理論によれば，リソースの減少などによりストレスが生

じても，別のリソースを得ることによってストレスが減少する。この理論を援用すると，上司からのサポートなどの別のリソースを得ることによって，WLBニーズのない従業員のストレスが減少する。そのため，心理的な余裕が生じた彼らは，WLB支援制度の利用に対して寛容となると予想する。また，WLBのライフは育児や介護といった家庭生活の充実から，大学院，ボランティア，趣味などのライフと幅広い。そして，ライフの内容によって，組織や職場への理解度，他の従業員にもたらされる影響度合いが異なる。資源保存理論のリソースは個人が大きな価値を置いているものである（Hobfoll, 1989）ため，WLB支援制度利用者が充実しようとするライフの内容によっては，上司や同僚従業員の寛容度を高めることにつながるリソースが異なると考える。

さらに，制度利用者本人にもたらす効果の理論的な説明においても，資源保存理論のリソースの概念を用いる。資源保存理論においてリソースの概念は広く，職場だけでなく，家庭生活や個人生活におけるリソースも含まれる（Hobfoll, 1989, 2001）。このため，職場と家庭生活・個人生活のリソースも含んだ理論である資源保存理論は，WLB支援制度利用者の心理的プロセスを考察するのに適している。

1.4　本書の目的

これまで見てきたように，既存のWLB研究の問題点の1つは，「WLB支援制度の恩恵を受けることの少ない従業員」「WLBニーズのある従業員の周りにいる上司や同僚」に焦点を当てた研究が少ない点である。本書は，これらのいわゆる「WLB支援制度の直接的な恩恵を受けない従業員」のリソースと寛容度に焦点を当てることによって，既存研究の問題点を解消し，WLB研究に新たな地平を切り開くことを目的とするものである。具体的には，本書では，WLB支援制度による恩恵を受けない従業員の心理

に着目しながら，職場において WLB ニーズのある従業員が WLB 支援制度を利用することに寛容となる要因について探っていく。言い換えれば，WLB 支援制度の恩恵を受けない従業員が，WLB を支援するための条件とは何か，を主な研究目的として調査を行う。研究対象については，わが国の企業や官公庁などの組織において，WLB の恩恵を直接には受けない上司と同僚従業員，WLB 支援制度利用者の三者から成り立つ職場とする。調査にあたっては，複数の理論的な枠組みを援用しながら，制度利用を促進する要因を明らかにするための，モデルの構築および仮説の導出を行っていく。そのうえで，実証研究を通じて仮説の妥当性を検証し，学術上および実践上の示唆に導いていく。

1.5 本書の構成

本書は，第 1 章以下，第 2 章から第 6 章，および総括としての第 7 章によって構成されている。第 2 章から第 6 章については，導入部分に続いて，各章のトピックに関連する先行文献が展望される。それに基づいて理論および仮説の提示がなされ，実証研究によってその妥当性が検証される。以下において，第 2 章から第 6 章で扱うトピックについて説明する。

まず，わが国において経営学的に有意義な WLB 研究を行っていくためには，そもそも企業などの組織が WLB 支援制度などを整備し，利用を促進することによって，職場や組織全体の生産性を向上させる効果があるのかどうかを確認しておく必要がある。したがって，本書の主たる目的である「WLB 支援制度の直接的な恩恵を受けない従業員」に焦点を当てる研究の実施に先立ち，従業員のライフが充実した場合，および従業員が WLB 支援制度を利用した場合に，どのような効果が見られるのかを検討する。本書における第 2 章および第 3 章がそれに該当する。第 2 章では，従業員の WLB と職場での創造的職務行動に関するトピックを扱う。具体的に

は，従業員がWLB支援制度を利用することで，もしくはその他の要因によって，彼らの家庭生活が充実してリソースが高まるならば，それが職場での創造的職務行動が高まることにつながるかどうかについて，そのメカニズムを理論的に示し，仮説を導出する。その後，導出された仮説を検証するために行われた実証研究結果を報告する。第3章では，WLB支援制度の利用が従業員の職務態度や職務行動に与える影響についてのトピックを扱う。具体的には，従業員がWLB支援制度を利用する場合，それが，仕事に対する意味づけや，職場内における援助行動などに影響を及ぼすプロセスを理論的に説明し，そこから導出された仮説を検証した実証研究結果を示す。

　第2章および第3章によって，企業などの組織で働く従業員のライフの充実およびWLB支援制度の利用が，個人および組織の生産性向上に資することが示された後，第4章から第6章にかけて，「WLB支援制度の直接的な恩恵を受けない従業員」に焦点を当てていく。第4章では，WLB支援制度の恩恵を受ける本人の「上司」，およびその上司である「上司の上司」に焦点を当て，従業員がWLB支援制度を利用することに伴う上司の寛容度に影響を与える要因を探る。とりわけ，部下がWLB支援制度を利用しようとする際，上司がそれに対して肯定的になるための職場環境要因は何なのか，それから，ミドルマネジャーのように，部下と上司に挟まれている立場にいる人間にとって，自分の上司との関係は，部下のWLB支援制度に対する態度にいかなる影響を及ぼすのか，といったテーマについての理論構築を行い，導出された仮説を検証した実証研究を報告する。また，部下がどのようなライフを充実させるかによって，職場への影響や従業員にもたらされる影響度合いが異なると考える。このため，分析にあたりライフの内容を家庭生活と個人生活に分け，ミドルマネジャーの寛容度を高めるリソースは何か検証した。第5章では，WLB支援制度の恩恵を受ける本人の「同僚従業員」に焦点を当て，職場の従業員がWLB支援制度を利用することに伴う，同僚従業員の態度に影響を及ぼす職場要因について調

第 1 章　本書の目的および全体構成

査を行った。同僚従業員は WLB 支援制度を利用者が希望することによって，自身の業務負担が増えると予測し，WLB 支援制度を利用することを積極的には支援しないものと考えた。そのうえで，どのような職場環境のもと，自身の業務負担がそれほど増加しないと予測するようになるか，またあるいは WLB 支援制度を利用することについて寛容となるかについて，理論構築を行い，導出された仮説を検証した実証研究結果を示す。第 6 章では，恩恵を受ける度合いの少ない従業員の寛容度を高めることにつながるリソースを探るにあたって，WLB 以外の人事制度に注目した。WLB と同様，直接の恩恵を受ける者と恩恵を受けない従業員に分かれる構造となっている人事制度はいくつか存在する。本書では研究が蓄積しているポジティブ・アクション（以下，「PA」という。）の研究に焦点を当てた。PA については，恩恵を受けない従業員の心理に与える要因とは何か，について多くの研究が存在するためである。まず，PA によって恩恵を受けない従業員の心理に与える要因について，これまでの研究を分類した。その分類した内容を参考に，恩恵を受けない従業員の，WLB 支援制度に対する寛容度にどのようなリソースが影響を及ぼすかについて導いた。

　第 4 章から第 6 章によって，「WLB 支援制度の直接的な恩恵を受けない従業員」が，WLB ニーズのある従業員が WLB 支援制度を利用することに対して肯定的となり，ひいては，それが WLB 支援制度の利用を促す職場風土の醸成や，従業員の WLB の実現につながるような諸要因が明らかになる。

　最後の第 7 章は，本書の総括となる。第 2 章から第 6 章までの研究成果をまとめ，研究成果から導き出される学術的および実践的含意を整理し，同時に，本書の限界も明らかにする。そのうえで，将来当該分野の研究をさらに発展させていくための方向性についての議論を行う。

1.5 本書の構成

<統計用語についての補足説明>

　本書では第2章以降,統計的手法を用いて実証分析を行う。統計について詳しい知識を持ち合わせていない読者にとって少しでも役立てば幸いと考え,第2章以降に記載している統計用語について説明をする。必要でない読者は,読み飛ばしても全く支障はない。

変数
○変数　個人,時間,場所ごとに変わる数字。
○独立変数　原因の変数。
○従属変数　結果の変数。
○統制変数　独立変数のほかにも,従属変数に影響をもたらすもの。回帰分析で統制変数も加えて分析すると,これらの影響を取り除いたうえで,原因と結果の関係を探ることができる。
○調整変数　独立変数と従属変数との関係に,影響を与える変数。
○ダミー変数　数量を表したものではないが,分析に用いるため数値化した変数。
○中心化　それぞれのデータの値から平均値を引いて変換すること。

因子分析
○因子分析　観察できる変数(観測変数)から,観測できない共通要因(共通因子)を探る手法。
○因子分析の手順　①共通因子の数を決定(本書では固有値1以上の基準),②観測変数から共通因子への影響度合いの値を推定,③回転により共通因子の分かれ方を明確にする。
○分散　ばらつき度合いを示す指標。因子分析では,すべての変数の分散のうち,共通因子の分散が占める割合が高いほうが望ましい。
○標準偏差　分散の平方根を取った値。
○α(クロンバックのα)　同一の尺度に用いる回答内容に対して同様の回答をしているか計測し,質問項目が信頼できるかを判断するのに用いる指標。0

第1章 本書の目的および全体構成

から1までの値を取るが，1に近いほど尺度の信頼性が高い。

相関
○相関係数 2つの変数が，どの程度関係があるかを示す指標。−1〜1の間の値をとり，絶対値が1に近づくほど関係性が強い。値が正ならば正比例，負ならば反比例の関係を示す。
○相関行列 相関係数の値を並べたもの。同じ変数どうしは相関は1となるため，相関行列の表では省略する。

回帰分析
○回帰分析 複数の候補となる変数のうち，どの変数がどの程度，結果の予測に用いることができるか探る分析方法。独立変数（原因）が1つの場合を単回帰分析，複数の場合を重回帰分析という。
○回帰係数 独立変数が，従属変数に与える影響の強さを示す値。
○β値 複数の回帰係数どうしで比較可能となるように，変数の平均を0，分散を1に変換して求めた値。
○R^2 決定係数のこと。投入した変数により，従属変数がどの程度予測できるかを示す値。
○階層的重回帰分析 独立変数が従属変数に影響をもたらすかどうかを検証するにあたり，まず独立変数を除いた変数を投入して重回帰分析を行い，その後独立変数も加えて重回帰式に投入することで説明力が有意に上昇するか検証するもの。
○多重共線性 独立変数どうしの相関が高いとき，係数が不安定な値（異なる符号となったり，本来有意であるはずの係数が有意とならないなど）となること。
○交互作用 2つの変数どうしを組み合わせると，変数を単独で投入した場合とは異なる影響を与えるもの。
○単傾斜 たとえば，従属変数Y，独立変数X，Z，X×Zという回帰式において，Yの予測式が，$= AX + b$（AはZも含む）となるときの，Aのこと。
○主効果 独立変数が，従属変数に単独で与える影響度合い。

○媒介変数　独立変数と従属変数の間に介在する変数。

仮説検定
○帰無仮説　仮説検定にあたって，まず設定する仮説。
○対立仮説　帰無仮説が棄却されると採択される仮説。
　　例）帰無仮説：相関係数 ≠ 0，対立仮説：相関係数 = 0
○検定統計量　サンプル（標本）から計算される値で，検定のために用いる（t値，F値など）
○p値　有意確率ともいう。帰無仮説のもとで，ある検定統計量の数字となる場合は，どのくらいの確率であるかという値。
○有意　統計的に意味があること。
○有意水準　検定統計量が実現する確率（p値）が，この値以下であれば，偶然生じたものとは言えず，統計的に意味があるとみなす数字。5%もしくは1%とすることが多い。
○仮説検定の手順　①「Aである」という仮説を検証したい，②「Aではない」という帰無仮説を立てる，②帰無仮説のもとでの検定統計量（もしくはp値）を計算，③p値が有意水準を下回れば，確率的に偶然起こりえないと判断し，帰無仮説を棄却，⑤「Aである」という（対立）仮説を採択する。本書では，相関係数のほかに，回帰係数，および階層的重回帰分析の説明力が有意かどうか検定している。
○間接効果　独立変数が，媒介変数を経由して従属変数に与える影響度合い。
　　X（独立変数）→ M（媒介変数）→ Y（従属変数）

その他
○リッカート尺度　意見や態度などを尋ねる質問紙調査において，複数の段階の中から，回答者が最も当てはまると思うものを選択する形式。本書では1〜7の7段階の尺度を用いている。

第2章
家庭生活と創造的職務行動

本書の前半部分にあたる第2章および第3章では，WLB支援制度の利用者に焦点を当て，WLB支援制度を利用することにより，職場の生産性向上や従業員の職務態度[1]が良好となるかどうか研究する。組織から提供されたWLB支援制度を利用することによって，従業員の家庭生活は充実する。これに加えて，職場でも従業員の生産性の向上や職務態度が良好となるのであれば，組織がWLB施策を充実する経営上の意義を示すことになる。このため，従業員の家庭生活が充実することにより，職場においてどのような効果がもたらされるかについて明らかにする必要がある。

　本章では，家庭生活の充実がもたらす効果として，従業員の創造的職務行動について実証研究を行う。わが国では，新興国の台頭などによって，国際的な競争力が低下しており，企業の競争力を高めることが求められている（開本・和多田，2012）。企業の競争力を高めるためには，組織内部で従業員が創造性を発揮して，これまでに市場で存在しなかった新たな製品やサービスを生み出すなどイノベーションを起こす必要がある。このため，従業員が創造性を発揮して競争力のあるサービスや製品を生み出すこと，そのための要因について研究することが重要である。

　もし，家庭生活が充実することによって，従業員の創造的職務行動が高まる効果があるのであれば，WLB支援制度を利用することは経営上大きな意義があることが確認できることとなる。本章では，家庭生活においてリソースが高まることによって，職場でも創造的職務行動が高まるという仮説を検証した。また，家庭生活のリソースと，職場におけるリソースとの組み合わせが，創造的な職務行動にどのような影響をもたらすかについても考察する。

---

[1] 態度とは，ある行動や人，物，出来事など特定のものに対する評価のことであり，行動を方向づけるはたらきをする（上田，2003）。組織行動論では，職務満足，コミットメント，職務関与といった職務や組織に対する態度について研究されることが多い（上田，2003）。

第 2 章 家庭生活と創造的職務行動

2.1 本章の目的

　これまでの WLB の研究では，仕事と生活の領域とが衝突することにより生ずる否定的な影響をどのように低減するかについて注目されてきたが，最近，仕事と生活との間の肯定的な影響についての研究が増えつつある。もともと，組織心理学における WLB の研究は，仕事と家庭生活の葛藤を示すワーク・ファミリー・コンフリクト（以下，「WFC」という。）の研究に焦点が当てられてきた。WFC は，「仕事で要求される役割と家庭生活で要求される役割とが両立できないことにより生じる役割間葛藤の一つ」(Greenhaus & Beutell, 1985) とされており，WFC が低減することにより，ストレス，仕事の不満足，離職意図が減少することにつながる (Anderson, Coffey, & Byerly, 2002)。近年，仕事と家庭生活がそれぞれもう一方の領域にもたらす影響について，否定的な影響だけでなく，肯定的な影響に関する研究が増えつつある。肯定的な影響を示す指標として，ワーク・ファミリー・エンリッチメント (Greenhaus & Powell, 2006)，ワーク・ファミリー・ファシリテーション（以下，「WFF」という。）(Wayne, Musisca, & Fleeson, 2004)，ワーク・ファミリー・スピルオーバー (Carlson, Kacmar, Wayne, et al., 2006) などがある。

　本章では，このうち WFF (Wayne et al., 2004) に焦点を当てる。WFF は，「個人が（家庭もしくは仕事のうちの）一方の領域に従事することにより，もう一方の領域の機能（成長，情緒，資源もしくは効率性）が増加すること」(Wayne, Grzywacz, Carlson, et al., 2007, p. 64) と定義されている。WFF は，WFC と同様に，仕事が家庭生活にもたらす影響（以下，「W → F 促進」という。）と家庭生活が仕事にもたらす影響（以下，「F → W 促進」という。）に分かれ，それぞれがもたらす効果についての研究が蓄積されつつある。たとえば，Balmforth and Gardner (2006) は，W → F 促進と F → W 促進はともに，職務満足度および情緒的コミットメントと関連性があることを示した。また，

2.1 本章の目的

Powell and Eddleston (2008) は，F → W 促進と起業後に成功することとの関連性について調査を行い，女性起業家が成功するかどうかについては，F → W 促進と関連性があったが，男性起業家の成功とは関連性が認められなかった。その理由については，女性は男性と比べて，仕事上で得ることのできるリソースが少ないためとしている。この結果は，女性の方が職場よりも家庭生活からのリソースを仕事に活かすことができると解釈できる。

また本章では，従業員が創造性を発揮しているかどうかについては創造的職務行動に焦点を当てて研究する．創造性については，「従業員の行動，サービス，プロセス，および手段において，新奇で有用なアイデアを生み出すこと」（開本・和多田，2011, p. 10）と定義されている。これまでの研究では，創造性の測定方法については，創造的な「人」に着目するもの（e.g., Zhou & George, 2001）と，どのような成果物を生み出したかに着目したもの（e.g., Oldham & Cummings, 1996）に分けられ，このうち創造的な「人」に焦点を当てた研究については，人の創造的な行動を測定した研究が多い（開本・和多田，2011）。本書でも，「人」が職場において創造的な行動を行うかどうかに着目して職場内の創造性を測定する。

わが国では，企業が従業員の創造性を発揮してどのように競争力の向上につなげるかが大きな課題となっている。開本・和多田（2012）は，新興国の経済的な地位が高まっていることや，日本の労働力人口が減少したため，日本の競争力が低下したことを指摘している。創造性が高い従業員はイノベーションを引き起こし，競争力の強化につながる（e.g., Amabile, Conti, Coon, et al., 1996; Oldham & Cummings, 1996）。このため，わが国の企業で従業員が創造性を発揮できるようになる条件を明らかにすることが必要である。

これまで，従業員の創造性を高めるための条件についての研究が蓄積されてきた（e.g., Oldham & Cummings, 1996）が，職場内のリソースとの関係についての研究がほとんどであった。一方，職場外のリソースが，従業員の

創造性にもたらす影響については，Madjar, Oldham, and Pratt (2002) を除いて，ほとんど研究されてこなかった。Madjar et al. (2002) は，職場内のリソースに加えて，職場の外で家族や友人などから受ける支援についても，従業員の創造性を高めることを示した。職場以外の要因がどのように従業員の創造性を高めるか示すことで，企業の競争力強化をもたらす新たな知見の発見につながる。また Kossek, Baltes, and Matthews (2011) は，WLB の研究でも，従業員の WLB と職場における従業員の創造性との関連性について明らかにする必要があると示唆している。これらのことから，職場外のリソースと創造性との関係について研究を行う意義がある。

本章では，家庭生活が充実することで，家庭生活の領域から仕事の領域に良い影響がもたらされて，職場において創造的な行動を行うと予想する。また，職場環境によっては，家庭生活が創造的職務行動に与える度合いに影響を与えると予想する。ここで，本章では家庭生活から仕事にもたらされる影響の強さについては，F → W 促進を用いて調査を行う。また，職場環境については，担当職務がどの程度自身で決められるかを示す職務自由度と，どの程度権限が集中しているか，つまり権限移譲されていないかを示す集権性に焦点を当てて実証研究を行った。

2.2 理論および仮説

2.2.1 理論的背景

本章の仮説を図 2-1 に示す。

従業員の家庭生活が職場における創造的職務行動にもたらす影響について考察するにあたり，Hobfoll (1989) の資源保存理論のリソースという概念および Fredrickson の拡張形成理論 (2001, 2002) を用いる。Hobfoll (1989, 1998) の資源保存理論のリソースには，仕事の地位，収入や安定雇用，上司からのサポートなど仕事から得られるものだけでなく，自身や家族の健

2.2 理論および仮説

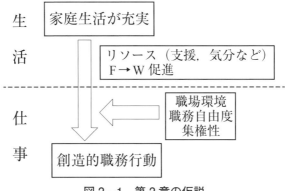

図2-1 第2章の仮説

康,家族との親密度,愛情など仕事以外の領域も含まれる (Hobfoll, 1998)。たとえば裁量度が減少したり,上司との関係が悪化したりするなど仕事のリソースが減ったとしても,家庭生活からの支援を受けるなど職場以外からリソースを得ることができれば,従業員のストレスは軽減するとともに,仕事でもリソースを活用して,創造的な職務行動を行う。

次に,拡張形成理論 (Fredrickson, 2001, 2002) について説明する。この理論によれば,人間はポジティブな感情を持つことで,創造的で柔軟な思考をするようになるとともに行動のレパートリーが増えるようになる。このため,職場においても,創造的な行動を取るようになると考える。

本章では,家庭生活から仕事にもたらされるリソースの多さを示す指標としてF→W促進を用いる。F→W促進は,家族から受ける支援だけでなく,家庭生活での出来事や,前向きな気分になることにより,どの程度仕事に良い影響を与えるかを示すものである (Wayne et al., 2004)。家庭生活が充実すると,家庭生活から仕事にもたらされるリソースを示すF→W促進が高くなり,職場での創造的職務行動が高まると考える。

また,職場環境と家庭生活の両方について,従業員の創造性にどう影響するか検証する。もともと,従業員がどのくらい創造的職務行動を行うかについては,職場環境の影響も受けるとされてきた (e.g., Oldham &

第 2 章　家庭生活と創造的職務行動

Cummings, 1996)。これまでは職場のリソースの影響について焦点が当たってきたが，従業員のリソースには職場で得られるものと家庭生活で得られるものの両方が含まれる（Hobfoll, 1998)。ここでは，WLB の充実がもたらす効果を検証するにあたり，家庭生活で得られるリソースが，どのように従業員の WLB と創造的職務行動の関係に影響するかに重点を置く。

2.2.2　F → W 促進

　家庭生活において，仕事にも役立つ知識や経験を獲得することによって，家庭生活から仕事にリソースが多くもたらされて，従業員の創造的職務行動が高まると考える。Hobfoll (1989) に基づくと，従業員はリソースに乏しいときには，重要な他のリソースを高めることで補う。家庭生活から仕事へもたらされる F → W 促進が高いということは，いくつかの要因が考えられる。たとえば，家庭生活で家事をした経験が商品開発に役立つことが考えられる。あるいは，家族と楽しい時間を過ごすことにより，家族からの支えがあると受け止めたり，家族のためにも頑張ろうと思い，職場における職務態度にも影響をもたらす。このように，F → W 促進が高いと，家庭から仕事の領域にリソースがもたらされる。加えて，拡張形成理論（Fredrickson, 1998, 2002）によれば，従業員はポジティブな感情を持つことで，人間の注意や志向の幅が広がるため，職場内でも創造的な思考や行動を行うようになる。そこで，F → W 促進が高い従業員は，家庭生活での経験によって職場内でも活発に思考するようになり，職場のリソースだけでは思いつかない新たな発想を生み出し，創造的職務行動を行うようになると考えた。

　さらに，知識や経験のほかにも，家庭生活で気分が良好となることで，創造的職務行動が高まることにつながる。Madjar et al. (2002) は，失望するなど精神的に落ち込んだとしても，それを克服して新たな方法を見つけようとすることで創造性が高まることを示した。この理由については，職場だけでなく家族や友人からの支援を受けることにより，気分が高まり，従

業員の創造性が高まるためとしている。また，F→W 促進が高い従業員は，前向きに物事を捉えて，困難な問題であっても一生懸命考え抜くようになる（Wayne et al., 2004）ことから，従業員の創造的職務行動が高まる。すなわち，家族からの支援を受けることにより，良好な感情や経験など家庭から仕事にもたらされるリソースが高まり，物事に一生懸命取り組むため，従業員の創造的職務行動が高まると予想される。そこで，F→W 促進が高い従業員は，F→W 促進が低い従業員より創造的職務行動が高くなるだろう。

仮説1 家庭生活から仕事へもたらされるリソースが高い従業員は，創造的職務行動が高くなる。

2.2.3 担当職務の自由度

仕事の手順を自由に変えられるなど担当職務において職務自由度が高い従業員は，創造的職務行動が高まると予想する。職務特性理論によれば，担当職務の自由度が高いと仕事に対する責任感が強まり，従業員のモチベーションが高くなる（Hackman & Oldham, 1976）。モチベーションが高い従業員は創造性が高いことがしばしば指摘されている（e.g., Shalley & Gilson, 2004）。これは，責任感が強くなることで，解決することが難しい問題であっても，解決策が思い浮かぶまで考え抜くためであると考えられる。

これらのことから，担当職務の職務自由度が高い従業員は，創造的職務行動が高くなると予想する。

仮説2 担当職務の自由度が高い従業員は，創造的職務行動が高くなる。

2.2.4 集権性

集権性が高い組織では，従業員の創造的職務行動が低くなると予想する。集権性が高い職場では，権限委譲されていないため，従業員はたとえ新しい業務処理方法を導入する必要性を感じていても，仕事のやり方を変えていく権限が与えられていないと考え，創造性を発揮しようとしないと予想する。

また，権限が与えられた従業員は，仕事のモチベーションが高まり，積極的で前向きに思考する。このため，権限移譲されている従業員は仕事に対して積極的に取り組むことから，職場内で創造的な行動を行うようになる。

逆に，権限移譲されてない従業員は，モチベーションが低くなり，創造的職務行動が低くなる（Zhang & Bartol, 2010）。これは，従業員のモチベーションが低い場合は，従業員は積極的に仕事に取り組まず，多様な観点から物事を把握することや，様々な情報を集めようとしないようになるため，新たな発想が生まれづらいことによる（e.g., Zhang & Bartol, 2010）。

以上より，集権性が高い職場では，従業員に権限が与えられていないと考えて新たな発想に基づいた行動を取らないことに加えて，従業員の仕事に対するモチベーションが低くなることから，従業員は創造的職務行動が低くなると予想される。

> **仮説3** 集権性が高い職場の従業員は，創造的職務行動が低くなる。

2.2.5 交互作用

さらに，創造性を発揮できないような職場環境のもとでは，F→W促進が創造的職務行動にもたらす効果がより高まると考える。既述のとおり，Hobfoll（1989）の資源保存理論によれば，従業員はリソースが少なくても，他のリソースで代用することができ，家庭生活から得られるリソースを活

用することにより，仕事においても創造的な行動を行う。また，職場で創造性を発揮するためのリソースが乏しいときは，家庭生活など職場以外の領域のリソースによって補う。担当職務の自由度が低い職場や，分権的でない職場では，職場から得られるリソースが低くなるものの，家庭生活も含めた他のリソースをうまく活用することで創造的職務行動を行うようになると考えられる。特にF→W促進が高い従業員は，家庭生活を重要なリソースと認識しており，創造的な業務を行うリソースとして活用すると予想する。

　また，担当職務の自由度が高い場合や，分権的な職場環境など，創造性を発揮しやすい職場で働く従業員は，難しい問題に対しても様々な角度から取り組むことができるだろう。このため，家庭生活からもたらされるリソースが乏しい従業員であっても，職場での創造的職務行動はある程度高いと考えられる。一方，創造性を発揮できないような職場環境のもとでは，従業員はネガティブな感情となり，幅広く思考をしないようになり，困難な問題に対しても一生懸命取り組もうとしなくなり，その結果，従業員の創造的職務行動が低くなると考えられる。Fredrickson (2001) の拡張形成理論によれば，ポジティブな感情を持つことで，ネガティブな感情は消える打ち消し効果（Undoing hypothesis）が生じる。もし創造性を発揮できないような職場環境でネガティブな感情となっても，家族からの支援などの家庭のリソースを通じて従業員はポジティブとなり，職場での創造的職務行動が高くなる。このため，担当職務の自由度が低い職場や集権的な職場については創造性を発揮しづらいため，以下の仮説が導出される。

> **仮説4**　担当職務の自由度が低くなると，F→W促進が従業員の創造的職務行動にもたらす効果を高める。

> **仮説5**　集権性が高い職場では，F→W促進が従業員の創造的職務行動にもたらす効果を高める。

第 2 章　家庭生活と創造的職務行動

2.3　調査方法

2.3.1　分析データ

　仮説を検証するため，2011 年 12 月から 2012 年 1 月にインターネット調査により収集したデータをもとに分析を行った[2]。

　調査対象については，1) 従業員規模 300 人以上の民間企業の会社員，2) 20 歳から 59 歳までの男女，3) 職種は，経営・事務企画，営業・販売事務，基礎研究・技術研究，技術開発・設計業務，商品企画・開発，購買・仕入業務，調査・広告・宣伝，情報処理（システム）業務，広報・編集業務，人事・総務・経理という条件に絞った。この中から，6,385 名を無作為抽出し，事前スクリーニングを実施の上，1,309 名を無作為抽出してプレ調査を行った。このプレ調査により「正社員」被雇用者を抽出した。そこから平成 22 年「労働力調査年報」の性別・年代別の比率と同じサンプルになるように調査対象を絞った。また，調査は 2 回行われ，プレ調査で選ばれた回答者のうち 64% が第 1 回目の調査に応じ，そのうち 71% が第 2 回目の調査に応じた。その結果，結果，最終的には，594 名（46%）のサンプルとなった。このうち，1 回目と 2 回目の調査の期間に転職もしくは異動をした 30 名のサンプルを除き，最終的にはサンプルは，564 名となった。

　この 564 名のサンプルのうち，395 名（70.0%）は男性で，女性は 169 名（30.0%）であった。この男性のサンプルのうち，20 代は 15.2%，30 代は 30.6%，40 代は 28.4%，50 代は 25.8% であった。また，54.2% の男性に子供がおり，役職については，課長は 35.2%，主任・係長は 28.1%，平社員は 36.7% であった。一方，女性のサンプルのうち，20 代は 26.0%，30 代は 29.0%，40 代は 23.7%，50 代は 21.3% であった。女性のほうが男性よりも

　2）本章で用いたデータは，関口倫紀教授（京都大学）との共同調査に基づくものである。

20代の割合が高かった。また，45.7%の女性に子供がおり，役職は，課長は11.2%，主任・係長は16.0%，平社員は72.8%であった。女性のサンプルのほうが男性よりも年齢が若く役職が低い従業員の割合が高かった。

サンプルの従業員のうち，製造業に従事していた従業員は34.0%であった。また，従業員規模については，300人以上500人未満が12.9%，500人以上1,000人未満が17.9%，1,000人以上が69.2%であった。

2.3.2 従属変数

従属変数である創造的職務行動については，Zhou and George（2001）をもとに，「仕事上の目的や目標を達成するための新しい手法を提案する」など13個の質問を用いた（表2-1の質問項目1）。それらの質問に7段階のリッカート尺度で回答してもらい，各項目について回答を点数化した後，該当する項目の回答を足しあげ平均化したうえで指標化した。

2.3.3 独立変数および調整変数

独立変数および調整変数として，F→W促進，職務自由度および集権性を用いた。F→W促進については，Wayne et al.（2004）の指標をもとに「家庭で誰かと話をすることが，仕事上の問題を処理するのに役立つ」など4つの質問を用いた（表2-1の質問項目4）。職務自由度についてはHackman and Oldham（1980）およびIdaszak and Drasgow（1987）の尺度を参考に，「仕事を進めていくにあたっては，独立性と自由度が高い」など3つの質問を用いた（表2-1の質問項目2）。集権性については，Hirst, Knippenberg, Chen, et al.（2011）の指標をもとに「職場では，従業員に積極的に新たな提案を出すように奨励している」（逆転項目）など4つの質問を用いた（表2-1の質問項目3）。いずれも7段階のリッカート尺度で回答してもらい，各項目について回答を点数化した後，該当する項目の回答を足しあげ平均化したうえで指標化した。

第 2 章　家庭生活と創造的職務行動

2.3.4　統制変数

統制変数として，性別（男，女），子供の有無，年齢（20 代，30 代，40 代，50 代），職種（創造性を必要とする職種，それ以外の職種），業種（製造業，非製造業），会社規模（300 人以上 500 人未満，500 人以上 1,000 人未満，1,000 人以上），役職（平社員，係長・主任，課長）を投入した[3]。

2.4　結果

2.4.1　因子分析および信頼性分析

本章で用いた変数の弁別妥当性を確認するため，以下のとおり pcf 法およびプロマックス回転による因子分析を行った。仮説 1 から仮説 5 の検証に用いる変数について因子分析を行った結果，創造的職務行動，F → W 促進，担当職務の自由度，および集権性について，固有値 1.0 以上を基準として 4 因子が抽出され，全分散の 66% を説明した。因子分析の結果および信頼係数を表 2 − 1 に示す。第 1 因子は創造的職務行動（α = .96），第 2 因子は職務自由度（α = .82），第 3 因子は集権性（α = .85），第 4 因子は F → W 促進（α = .75）となり，想定どおりの解釈が可能となった。測定尺度の弁別妥当性および信頼性に問題がないと判断したため，それぞれの項目の平均値を用いて尺度化することとした。

---

[3] 今回の統制変数において，年齢を仕事の能力の代理変数として用いた。また，職種については創造性を必要とする職種とそうでない職種の 2 つに分けたうえで統制変数として投入した。まず，サンプルのうち基礎研究・技術研究，技術開発・設計業務，商品企画・開発の職種に従事する従業員については，創造性を必要とする職種に分類した。一方，経営・事務企画，営業・販売事務，購買・仕入業務，調査・広告・宣伝，情報処理（システム），広報・編集業務，人事・総務・経理の業務に従事する従業員については，創造性を必要としない職種に分類した。今回のサンプルのうち 28.4% が創造性を必要とする業種に分類された。

2.4 結果

表2-1 利用尺度の因子分析および信頼係数

項目内容	1	2	3	4
1. 創造的職務行動 ($\alpha = .96$)				
仕事上の目的や目標を達成するための新しい手法を提案する。	**.82**	-.03	-.07	-.04
業績を改善するような斬新で実用的な考えを思いつく。	**.82**	.07	.05	.00
新技術, 新たな手順, 新しい技法, 新製品アイデアなどを探索する。	**.84**	-.09	-.08	-.01
仕事の質を高めるための新たな方法を提案する。	**.81**	-.03	-.11	-.05
創造的なアイデアをよく考えつく。	**.83**	.09	.07	.06
リスクを負うことを恐れない。	**.67**	.06	-.01	.05
新たなアイデアを他の人に売り込んだり促進したりする。	**.75**	.04	.07	.07
機会さえ与えられれば創造性を発揮する。	**.79**	.08	.10	.02
新しいアイデアを実現するために適切な計画やスケジュールを組み立てる。	**.78**	-.04	-.01	-.07
新しくて革新的なアイデアをよく思いつく。	**.82**	-.01	.05	.01
問題が存在するときに創造的な解決策を思いつく。	**.84**	.04	.04	-.02
問題に対して新鮮なアプローチをする。	**.86**	-.02	-.03	-.03
仕事のタスクを行うための新しい方法を提案する。	**.84**	-.11	-.08	-.03
2. 職務自由度 ($\alpha = .82$)				
仕事を進めていくにあたっては, 独立性と自由度が高い。	.03	**.83**	.03	.05
仕事を進めるにあたって, 自分自身の主体性を発揮したり自分で判断できる機会が多い。	-.01	**.77**	-.18	-.08
仕事の進め方について, 自分自身で決定できる部分が多い。	.02	**.87**	-.02	-.04
3. 集権性 ($\alpha = .85$)				
職場では従業員に影響を及ぼすような決定事項において, 従業員からの提案を用いる。	-.07	-.03	**.77**	-.13
職場では, 従業員に積極的に新たな提案を出すように奨励している。	-.03	.06	**.77**	.07
職場では, 従業員に影響を及ぼす決定に際しては, 従業員の思いを聞いてくれる。	.06	-.09	**.85**	-.08
職場では, 従業員が意見を言う機会が設けられている。	.01	-.03	**.88**	.03
4. F→W促進 ($\alpha = .75$)				
家庭で誰かと話をすることが, 仕事上の問題を処理するのに役立つ。	-.00	-.06	-.08	**.80**
家庭生活で必要なものを手に入れようとすることが, 自分をより仕事熱心にさせる。	-.02	-.08	-.05	**.83**
家庭生活で愛され, 尊敬されているため, 仕事においても自分に自信が持てている。	.13	.04	.13	**.56**
家庭生活ではリラックスして翌日の仕事に備えることができる。	-.07	.06	.00	**.81**

太字は, 因子得点のうち, 特定の共通因子で説明できる割合が高いものを示す (次章以降も同様)。

第 2 章　家庭生活と創造的職務行動

表 2−2　使用変数の平均，標準偏差，最小値，最大値，相関係数

	変数	平均	標準偏差	最小値	最大値	1	2	3
1	性別（1 = 女性）	0.30	0.46	0.00	1.00			
2	子供の有無（1 = 有）	0.46	0.50	0.00	1.00	**-.27****		
3	年齢（1 = 30 代）	0.30	0.46	0.00	1.00	-.02	-.01	
4	年齢（1 = 40 代）	0.27	0.44	0.00	1.00	-.05	**.11***	**-.40****
5	年齢（1 = 50 代）	0.24	0.43	0.00	1.00	-.05	**.19****	**-.37****
6	業種（1 = 製造業）	0.34	0.47	0.00	1.00	**-.09***	.02	**.08***
7	職種（1 = 創造性が必要）	0.28	0.45	0.00	1.00	**-.21****	.04	.04
8	会社規模（1 = 500〜999 人）	0.18	0.38	0.00	1.00	.03	.03	.03
9	会社規模（1 = 1,000 人〜）	0.69	0.46	0.00	1.00	-.02	**.10***	-.02
10	地位（1 = 主任・係長）	0.24	0.43	0.00	1.00	**-.13****	**.11****	.08†
11	地位（1 = 課長）	0.28	0.45	0.00	1.00	**-.24****	**.20****	**-.25****
12	F → W 促進	3.51	0.97	1.00	7.00	-.07†	.05	.01
13	職務自由度	4.31	1.04	1.00	7.00	**-.17****	**.11****	-.08†
14	集権性	4.02	0.97	1.00	7.00	.08†	**-.13****	.06
15	創造的職務行動	4.05	0.96	1.00	7.00	**-.17***	.08	**-.10***

N = 564，$^{**}p < .01$，$^{*}p < .05$，$^{†}p < .10$

2.4.2　基本統計量

使用変数の平均，標準偏差，最小値，最大値および相関行列を表 2−2 に示す。創造的職務行動と F → W 促進とは有意の正の相関が認められることから仮説 1 と整合的である。創造的職務行動と職務自由度との間には有意な正の相関が認められることから仮説 2 と整合的である。創造的職務行動と集権性との間に有意な負の相関が認められることから，仮説 3 と整合的である。

2.4.3　仮説の検証

本章の仮説を検証するため，階層的重回帰分析を行った。すべてのモデルには，統制変数として性別，子供の有無，年齢，職種，業種，会社規模，役職が投入されている。

仮説 1〜仮説 3 の検証のために行った分析結果を，表 2−3 に示す。階層

2.4 結果

4	5	6	7	8	9	10	11	12	13	14
-.35**										
-.06	.04									
.03	**-.08***	**.29****								
-.08†	.05	-.02	-.01							
.07	.02	.05	**.09***	**-.70****						
.15**	-.06	.00	.08†	-.02	.03					
.17**	**.32****	-.02	-.07	.04	.01	**-.36****				
.03	-.05	-.02	.02	.04	-.04	-.03	-.01			
.06	**.09***	**.15****	**.19****	-.04	.06	.05	**.15****	-.07†		
.04	-.07	**-.09***	**-.11***	.03	-.06	.01	**-.14****	.06	**-.45****	
.08*	**.09***	.07	.06	-.00	.03	-.01	**.23***	**.11***	**.35***	**-.16***

的重回帰分析の第1ステップでは，統制変数のみを重回帰式に投入し（モデル1），第2ステップでF → W促進（モデル2），職務自由度（モデル3），集権性（モデル4）を投入した。

まず，仮説1の検証を行う。F → W促進が創造的職務行動にもたらす効果については，有意な正の効果が確認され（$\beta = .12, p < .01$），F → W促進を投入したことによりモデルの予測力も有意に上昇した（$\Delta R^2 = .01, \Delta F = 8.04, p < .01$）（モデル1, 2）。よって，仮説1は支持された。

次に，仮説2で示される職務自由度が創造的職務行動にもたらす効果においても，有意な正の効果が確認され（$\beta = .31, p < .01$）（モデル3），職務自由度を投入したことによりモデルの予測力も有意に上昇した（$\Delta R^2 = .09, \Delta F = 56.94, p < .01$）（モデル1, 3）。よって，仮説2は支持された。さらに，仮説3で示される集権性が創造的職務行動にもたらす効果については，有意な負の効果が確認され（$\beta = -.12, p < .01$）（モデル4），集権性を投入した

表 2−3 階層的重回帰分析の結果（仮説 1〜3）

	創造的職務行動			
	モデル 1	モデル 2	モデル 3	モデル 4
性別（1 ＝ 女性）	-.09†	-.08†	-.06	-.09†
子供の有無（1 ＝ 有）	-.01	-.01	-.02	-.02
年齢（1 ＝ 30 代）	-.05	-.05	-.03	-.03
年齢（1 ＝ 40 代）	.00	.00	.01	.03
年齢（1 ＝ 50 代）	-.01	-.00	-.01	.01
業種（1 ＝ 製造業）	.06	.06	.02	.05
職種（1 ＝ 創造性が必要）	.04	.04	-.00	.03
会社規模（1 ＝ 500〜999 人）	.01	.01	.02	.02
会社規模（1 ＝ 1,000 人〜）	.03	.03	.02	.03
地位（1 ＝ 主任・係長）	.07	.08†	.05	.07
地位（1 ＝ 課長）	**.26****	**.27****	**.22****	**.24****
F → W 促進		**.12****		
職務自由度			**.31****	
集権性				**-.12****
R^2	.09	.11	.18	.11
ΔR^2		.01	.09	.01
ΔF		8.04**	56.94**	7.91**

**$p < .01$, *$p < .05$, †$p < .10$
係数は β 値（p. 16）。太字は有意であることを示す。

ことによりモデルの予測力も有意に上昇した（$\Delta R^2 = .01$, $\Delta F = 7.91$, $p < .01$）（モデル 1, 4）。よって，仮説 3 は支持された[4]。

4）モデル 4 の分析にあたって，集権性が創造的職務行動にもたらす効果については，他の職場環境要因が影響していないかを確認するため，モデル 4 で投入した変数に加えて，公式性を統制変数として投入した。公式性については，Hirst et al.（2011）の指標をもとに「職場には，たくさんのルールや規則がある」など 3 つの質問を用いた（$\alpha = .53$）。分析の結果，集権性は創造的職務行動に有意な負の効果をもたらし（$\beta = -.12$, $p < .01$），公式性は有意な効果をもたらさず，これらの変数を投入したことによりモデルの予測力も有意に上昇した（$\Delta R^2 = .01$, $\Delta F = 4.69$, $p < .01$）。よって，公式性を統制変数として投入しても，集権性が従業員の創造的職務行動にもたらす効果は有意であったため，他の職場環境要因は影響しないものと考えた。

2.4 結果

表2−4　階層的重回帰分析の結果（仮説4・5）

	創造的職務行動		
	モデル5	モデル6	モデル7
F → W 促進	.14**	.14**	.13**
職務自由度	.32**	.27**	.31**
集権性	.01	-.00	.03
F → W 促進×職務自由度		-.13**	
F → W 促進×集権性			.12**
R^2	.20	.21	.21
ΔR^2		.01	.01
ΔF		10.01**	9.00**

$^{**}p < .01, \ ^*p < .05$
統制変数とそのβ値は記載していないが，すべての分析において，2.3.4に記載した統制変数を回帰式に投入した。F → W 促進，職務自由度，集権性とその交互作用項は回帰式に投入するにあたり中心化している。

2.4.4　仮説4・5の検証

　仮説4および5の検証にあたって，階層的重回帰分析を行った結果を表2−4のモデル5〜7に示す。

　多重共線性の問題から，Aiken and West（1991）およびCohen（1978）に従い，交互作用の検証にあたり，説明変数をあらかじめ中心化している。階層的重回帰分析の第1ステップとして，モデル5では，統制変数と独立変数（F → W 促進，職務自由度，および集権性）を重回帰式に投入した。第2ステップとして，モデル5で投入した変数に加えて，モデル6では，職務自由度およびF → W 促進の交互作用項を投入し，モデル7では，集権性とF → W 促進の交互作用項を投入した。モデル6および7では，多重共線性が高くなることを避けるため，独立変数および2要因の交互作用項を中心化したうえで，それぞれ重回帰式に投入した。

　仮説4では職務自由度がF → W 促進と創造的職務行動との関係に調整効果を与えるか検証を行った。モデル6では，職務自由度およびF → W

第2章　家庭生活と創造的職務行動

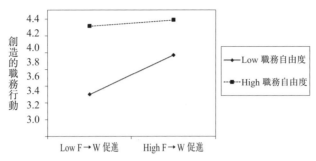

図2-2　職務自由度とF→W促進が創造的職務行動にもたらす交互作用

促進の交互作用項は，創造的職務行動に有意な負の効果をもたらすことが確認され（$\beta = -.13, p < .01$），職務自由度およびF→W促進の交互作用項を投入することでモデルの予測力も向上した（$\Delta R^2 = .01, \Delta F = 10.01, p < .01$）。よって，職務自由度が，F→W促進と創造的職務行動との関係にもたらす調整効果が確認された。次に，交互作用について図2-2で示す。

Aiken and West（1991）に従い，職務自由度が創造的職務行動に与える単傾斜を計算した。職務自由度が低い場合には，調整効果は有意であった（$\beta = .24, t = 4.87, p < .01$）が，職務自由度が高い場合には調整効果は有意とならなかった（$\beta = .04, t = 0.76, n.s.$）。よって，仮説4で予想したとおり，職務自由度が低い場合にはF→W促進が創造的職務行動にもたらす効果が強まった。よって，仮説4は支持された。

仮説5ではF→W促進と創造的職務行動との関係について集権性の調整効果の有無を検証した。モデル6では，集権性およびF→W促進の交互作用項は，創造的職務行動に有意な正の効果をもたらすことが確認され（$\beta = .12, p < .01$），集権性およびF→W促進の交互作用項を投入することでモデルの予測力も向上した（$\Delta R^2 = .01, \Delta F = 10.01, p < .01$）（モデル6, 7）。よって，集権性がF→W促進と創造的職務行動との関係にもたらす調整効果が確認された。

次に，交互作用について図2-3に示す。Aiken and West（1991）に従い，

2.5 小括

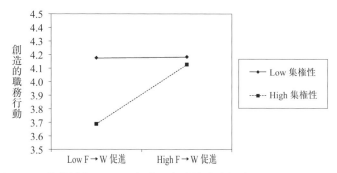

図2-3 集権性とF→W促進が創造的職務行動に与える交互作用

集権性が創造的職務行動に与える単傾斜を計算した。集権性が高い場合には、調整効果は有意であった（$\beta = .21$, $t = 4.39$, $p < .01$）が、集権性が低い場合には調整効果は有意とならなかった（$\beta = .00$, $t = -0.01$, $n.s.$）。よって、仮説5で予想したとおり、集権性が高い場合にはF→W促進が創造的職務行動にもたらす効果が強まった。よって、仮説5は支持された。

2.5 小括

分析の結果、F→W促進が高い従業員は創造的職務行動が高まることを示した。これは、家庭生活のリソースが高くなると、従業員は職場において創造的な行動を行うようになることを示唆している。また、担当職務の自由度が高い業務を行う従業員や集権性が低い職場の従業員についても、創造的職務行動が高まることも示された。一方で、職務自由度が低い業務を行う、もしくは集権性の高い職場環境など、創造性を発揮できないような職場環境では、F→W促進が創造的職務行動にもたらす影響が高まることも示された。

本章は3つの学術的貢献を有する。まず、職場環境だけでなく、家庭生活でリソースを得ることで、職場においても従業員は創造的な行動を行う

第2章　家庭生活と創造的職務行動

ようになることを示した点である。これまで従業員が創造性を発揮する条件について，職場以外の環境要因が与える影響についてはほとんど調査されてこなかった。本章の結果は，職場環境だけでなく，家庭生活からもたらされる良好な気分，出来事など家庭生活のリソース次第で，従業員が職場において創造的な行動を行うかどうかが変わってくることを示している。たとえば，家族から物理的・精神的支援を受けている従業員や，家族と良好な関係を築いている従業員は，創造的職務行動を行うと考えられる。

　次に，今回の研究結果は，WLB の研究にも貢献している。従業員が WLB 支援制度を利用することにより家庭生活が充実すると，家庭生活からもたらされるリソースが高まり，職場でのパフォーマンスが向上するというプロセスを本章では示した。本章の結果は，WLB を支援することによって，従業員が家庭生活で得た良い感情や経験が仕事の領域にももたらされて，職場内で創造的な職務行動を行うことにつながることを示唆している。

　さらに，仮説で予想したとおり，担当職務の自由度が低い，もしくは集権性が高いといった，創造性を発揮できないような職場環境では，F → W 促進が創造的職務行動にもたらす影響が強くなった。Hobfoll（1989）の資源保存理論は，職場におけるリソースが低くても，家庭生活でのリソースを得ようとすることを示唆している。本章の結果は職場外でのリソースを活用することで，創造性を発揮しづらい職場環境の従業員であっても，創造的職務行動が高まることとなる。すなわち，職場で創造性を発揮するにあたって，職場のリソースと家庭生活でのリソースが相乗効果ではなく，補完的な関係であることが示唆された。また，拡張形成理論（Fredrickson, 1998, 2002）によれば，ポジティブな感情を持つことで人間の注意や思考のレパートリーが増えるが，こうしたメカニズムを通じて従業員の創造的職務行動が高まると考える。

　なお，今回の仮説には含まれていないが，地位が高い従業員は創造的職

務行動が高かった。地位が高い従業員は，どのように業務を部下に割り振るかなどの権限を持っているため，担当職務の自由度が高い仕事を行っている可能性がある。また，職務特性理論（Hackman & Oldham, 1976）によれば，職務自由度が高い従業員は，責任感が強くモチベーションが高くなることから，困難な問題でも積極的に取り組むため，創造的職務行動を行っていると考えられる。一方，女性従業員は創造的職務行動が低くなった。日本では，特にダイバーシティを重視していない企業では，女性の昇進意欲が低いことが示されている（e.g., 川口, 2012）。今回のサンプルでは高い地位についている女性従業員が少ないため，女性従業員は男性従業員と比べて創造的職務行動が高くないという結果が示されたと考えられる。

本章の実証分析結果をもとに，様々な研究の方向性が考えられる。まず，F→W促進は創造的職務行動を高めること，およびその関係に職場環境要因が介在することが示されたが，どのような職場環境要因が創造的職務行動を高めるかについて，さらに調査を行う必要がある。本章では，創造性を発揮できない職場環境のもとでは，F→W促進が創造的職務行動にもたらす効果が高まることが示された。しかし，本章の結果とは異なり，家庭生活からもたらされるリソースと，職場環境の組み合わせ次第では，創造性を発揮できる職場環境のもとでもF→W促進が創造的職務行動に及ぼす影響が高まる可能性もある。Hobfoll（1989）の資源保存理論では，資源喪失のスパイラルと資源獲得のスパイラルという概念がある。この説明によれば，リソースが低い人はさらにリソースが減少する（資源喪失のスパイラル）一方，リソースが高い人は，さらにリソースを高めようと努力していく（資源獲得のスパイラル）。また，拡張形成理論では，リソースが高まることでネガティブな感情を打ち消す効果だけでなく，リソースが高まると人間は健康的かつポジティブとなり，さらに思考などのレパートリーが増加するらせん的な上昇も引き起こす（Fredrickson, 2001）。つまり，職場におけるリソースの種類によっては，家庭生活から得られるリソースと職場環境から得られるリソースが相乗効果をもたらして，パフォーマンスの向上

第 2 章 家庭生活と創造的職務行動

につながる可能性があるため，他の職場環境との組み合わせについても調査を行う必要がある。

また，本章の結果は実務上の貢献も有する。今回の結果では，創造性を発揮しづらい職場環境において，F→W 促進が創造的職務行動にもたらす効果が高くなった。従業員の WLB を支援することは，従業員の創造的職務行動を高めることに役立つ。また，従業員の創造性を発揮することが阻害されるような職場環境のもとでは，F→W 促進が創造性にもたらす効果が高まることも示された。このように，職場環境だけでなく，家庭生活のリソースによって，仕事の生産性にも好影響をもたらすことを示した。このことは，会社などの組織では従業員の家庭生活にも配慮した取り組みを行う必要性があることを示している。業務特性上，担当職務の自由度を高めるなど，創造性を発揮しやすい職場環境にしづらいとしても，従業員の家庭生活のリソースが高くなるように組織全体で取り組むことで，職場において従業員の創造性を高めることができることを示唆している。

このように，本章では家庭生活の領域でのリソースが高まると，職場でも創造的職務行動が高まることを確認した。第 3 章では，会社が提供する WLB 支援制度を利用した従業員に焦点を当てて，職場の生産性向上や職務態度の向上につながるか検証する。

第3章
ワーク・ライフ・バランス支援制度の効果

第2章では，従業員が家庭生活におけるリソースを活用することによって，職場での創造的職務行動を高めることがわかった。

第3章でも，第2章と同じくライフが充実する従業員は職場における職務態度が向上するかに焦点を当てるが，本章では企業や官公庁が整備するWLB支援制度を利用することにより，従業員の職務態度の向上や職場での生産性向上につながるかどうか，仮説を導出して，実証研究を行っていく。本書では特に，WLB支援制度を利用している職員に加えて，利用した経験のある職員についての効果を検証するという特色がある。もし，WLB支援制度を利用した経験を持つことにより，職務態度や職場における生産性の向上をもたらすのであれば，WLB支援制度の利用終了後も長期間にわたり効果が持続することにつながり，WLB支援制度の利用を促進する職場環境づくりは非常に大きな意義を持つ。

3.1 既存研究

企業などの組織では，従業員のWLBを実現させるために様々なWLB支援制度を整備している。今野・佐藤（2009）は，共稼ぎの世帯や個人生活の充実を希望する従業員の増加によって，企業は従業員のWLBを向上させて，仕事と仕事以外の領域との間に生じる葛藤を低くする必要が生じるようになったと説明している。企業が働きやすい環境づくりを行うと，従業員は組織に貢献するようになる（守島，2004）ので，従業員のWLB実現に向けた取り組みをする意義がある。

もともと海外の研究では，WLB支援制度を充実させることで従業員に効果がもたらされるという組織全体から見たマクロの視点に立った研究が蓄積されてきた。WLBについては，欧米を中心に，労働時間の融通が利きやすい柔軟な働き方や育児支援制度といったWLB支援制度の充実が，生産性の向上（Dex, Smith, & Winter, 2001 ; Shepard, Clifton, & Kruse, 1996），収益率

第3章　ワーク・ライフ・バランス支援制度の効果

の向上（Meyer, Mukerjee, & Sestero, 2001），売上高や利益率の成長（Perry-Smith & Blum, 2000）などをもたらすとの結果が報告されている。こうした WLB 支援制度もただ導入するだけでは不十分である。Perry-Smith and Blum (2000) は，組織内部の整合性が重要であるとして，WLB 施策を導入するにあたり，一貫性のある WLB 施策を導入する企業でパフォーマンスが高いことを示した[1]。また，同じ制度を導入しても，制度の恩恵を受けるかどうかで効果が異なることを示す研究もある。Dalton and Mesch (1990) は，フレックスタイムを導入したグループと導入しないグループに分けて，従業員にもたらす効果について分析を行った結果，フレックスタイムを導入したグループの欠勤率は低くなり，もう一方の欠勤率は変わらなかった[2]。

わが国でも WLB 支援制度を整備するだけでは不十分であるという認識のもと，両立支援施策との関連性や長期的なコミットメントとの関連性に着目した研究が積み重ねられてきた。脇坂（2008）は，男女均等施策の取組み（方針・制度・実態）の度合い（均等度）と仕事と育児の両立支援策の取組み（制度・運用状況）の度合い（ファミフレ度）の，両者の関係と企業業績の関係を分析した。その結果，均等度もファミフレ度も高い場合には，1人あたりの売上高や経常利益が高くなったが，ファミフレ度が高く均等度が低い場合には，これらが低くなる結果となった。また，長期的なコミットメントを重視しているかどうかも WLB 支援制度の効果に影響する。天野（2008）は，従業員の能力開発のための投資をしていたり，社内で将来のキャリアについて考えさせるといった人材開発に力を入れる企業や，長期的なコミットメントを重視する企業では，家庭生活の支援に積極的に取り

---

1) わが国でも，会社に適合した WLB 支援制度を整備する必要があることを示す研究結果がいくつか存在する。たとえば，西岡（2009）は，WLB の効果を「職場の環境・生産性等の向上」「人材確保」「女性社員の仕事の満足度」の 3 つに分類したうえで，WLB 支援制度の効果を検証し，会社に適合した WLB 支援制度を整備する必要があることを示した。
2) 一方で，WLB 支援制度と生産性などとの間には関係が認められないことを示唆する研究結果もある（e.g., Bloom & Van Reenan, 2006）。

3.1 既存研究

組むと，男女ともに従業員のモチベーションが高まった。また，阿部・黒澤（2008）は，育児休業制度や短時間勤務制度を導入すると，一時的には業績が低くなるものの，長期的には業績が高くなることを示した。その一方で，均等施策を導入していない場合では企業業績にマイナスをもたらす結果となった。武石（2006）は，両立支援策の制度を導入することと企業業績の関係について調査を行ったところ，従業員に長期的なコミットメントを期待する企業では，両立支援策の制度の利用しやすさと，女性比率が高くなる結果が示された。

このように，マクロレベルでWLB支援制度とパフォーマンスとの関連について研究が積み重ねられてきた。ただ，こうしたマクロレベルの研究だけでは，個人レベルにまで落とし込んだかたちでWLB支援制度の効果メカニズムを理解するうえでは限界がある。たとえば，企業調査に基づく研究では，個々の従業員を制度利用の有無によって比較しているわけではないため，効果が認められたとしても，WLB支援制度を実際に利用したために生じたものなのかは明らかでない。

また，ミクロの研究でもWLB支援制度が職務態度の向上に結びつくかどうかについて結果が分かれている。個人を分析単位とするミクロの研究においては，欧米を中心に，WLB支援制度の利用が，職務満足度の向上（Scandura & Lankau 1997），コミットメントの上昇（Scandura & Lankau, 1997; Halpern, 2005），ストレスの軽減（Halpern, 2005），欠勤率や離職率の低下（Dalton & Mesch 1990）をもたらすとの報告がなされている。わが国でも，WLB支援制度は，働きやすさや，モチベーション，モラールとの関連性があることが示されてきた（坂爪，2002；武石，2008；藤本，2007）。ただし，ミクロレベルの研究においても，WLB支援制度利用の効果が観察されないと報告する研究もあり（e.g., Goff, Mount, & Jamison, 1990），先行研究間の結果は必ずしも一貫していない。そこで，ミクロレベルで従業員個人のWLBが充実することで，どのようなプロセスによって従業員に良好な効果を生じるかについて，研究を行う必要がある。

第 3 章　ワーク・ライフ・バランス支援制度の効果

　もともと従業員の WLB の実現がパフォーマンスや職務態度の向上に結びつくプロセスについては，社会的交換理論（Blau, 1964）から説明されてきた。WLB の効果について Beauregard and Henry（2009）は，従業員は WLB 支援制度が利用可能であると，社会的交換理論により，組織に対して恩恵を感じて職務態度に影響をもたらすと説明している。また，Lambert（2000）は，WLB 支援制度を有用であると認識している従業員は，援助行動が高いことを示し，このプロセスが生じる理由は，従業員は組織に対して恩返ししようとするためとしている。

　本章でも，WLB 支援制度の効果の検証にあたり，社会的交換理論をもとに仮説を構築する。もし制度を利用中の従業員だけが職場に貢献するのであれば，WLB 支援制度の効果は長期間持続しない。一方，従業員が WLB 支援制度を利用した経験を持つことで，職務態度の向上に結びつくのであれば，長期間にわたり職務態度が向上する。ひいては，組織が WLB 支援制度を導入して，WLB 支援制度の利用を促進する意義があることを示すこととなる。

　また，本章では公務員を対象として調査を行った。本書で，地方自治体を調査対象とすることは大きく 2 つの意義がある。まず，わが国の公務員の職場は，ボランティア休暇，自己啓発の休業制度をはじめ，WLB 支援制度が充実していると考えられる。これは，わが国における WLB が，政策的な観点から，政府や地方自治体が一歩リードするような形で推進されてきたためである[3]。このため，組織全体で WLB 支援に積極的な企業において，制度の利用者にもたらす効果を検証するのに適した調査対象である。

3）平成 23 年 1 月 14 日発出人事院事務総長通知（人企－14「女性国家公務員の採用・登用の拡大等に関する指針」）では，少子化対策や男女共同参画などから，国は女性国家公務員の採用・登用の拡大に率先して取り組むとともに執務環境の整備の必要があるとしている。そのために女性登用の拡大のみならず，執務環境の整備の必要があるとしている。

また，一般的にわが国の公務員は，安定志向が強く定年まで働くことを前提にしているといわれている。このため，転職を前提とせず，長期的に組織に対してコミットメントを持った従業員が，WLBの支援を受けることによって職務態度が向上するかを検証するのに最適である。一方で，公的組織と民間企業の大きな違いとして，公的な組織では民間企業の売上高に相当する指標がない。そのため，マクロ的な金銭換算によりパフォーマンスを計測することは難しいが，職場において従業員がどのような職務態度や職務行動をとるかについては官民問わず検証可能である。

さらに，公的組織においても女性職員が就業継続をするためには，家庭生活を充実させることが必要であり，WLBが実現することによって，長期的には行政組織全体の職務遂行能力が高まることにつながる（勇上・佐々木，2013；武石，2007）。また，行政組織への効果だけでなく，行政組織が率先してWLBの実現に向けて取り組むことは，わが国全体のWLB促進の動きにもつながる（武石，2007）。このため，公務員を対象としてWLB支援制度の効果についての研究自体大きな意義がある。

3.2 理論および仮説

3.2.1 調査のフレームワーク

本章では，従業員がWLB支援制度を利用することにより，社会的交換関係のプロセスを通じて職場に対して恩義を感じて，職場において貢献するようになると考える。また，WLB支援制度を利用することによって，仕事と家庭生活の衝突がなくなり，ストレスの減少や職務態度の向上につながる。ここで，本章では，ライフのうち家庭生活に焦点を当てる。また，職員が家庭生活を支援することを目的としたWLB支援制度を利用中であるか，もしくは利用経験があるかどうかで，制度の利用中もしくは制度利用経験の有無について計測する。制度の効果を検証するにあたって，WFC

第3章 ワーク・ライフ・バランス支援制度の効果

(仕事と家庭生活の葛藤),職務満足度,仕事への肯定的意味づけおよび職場の同僚に対する援助行動(以下,「援助行動」という。)に焦点を当てる。

制度の効果として検証する変数のうち,仕事と家庭生活の葛藤を示すWFCは,仕事が原因で家庭生活に葛藤が生じるワーク・トゥ・ファミリー・コンフリクト(以下,W→F葛藤)と,家庭生活が原因で仕事に葛藤が生じるファミリー・トゥ・ワーク・コンフリクトの2つの方向に分かれるが,ここでは,W→F葛藤に焦点を当てる。もしW→F葛藤が低ければ,仕事から家庭生活にもたらされる葛藤が減少してストレスも低いため,従業員は仕事に注力することが可能となる。仕事への肯定的意味づけとは,Wrzesniewski and Dutton(2001)の肯定的関与を参考にした概念であり,従業員が,受動的に与えられた仕事をこなすのではなく,担当する仕事に対して積極的に意味づけをし,自分にとって価値があるものと定義する態度のことをいう。肯定的意味づけが高い従業員は,積極的に仕事に取り組むことから,生産性が高いと考えられる。援助行動は,自分が担当する職務の役割もしくは範囲を超えて,職場の同僚に対する仕事上の支援を行う行動を指し(Organ, Podsakoff, & Mackenzie, 2006),組織の生産性向上に役立つと考えられる。

3.2.2 仮説

本章の仮説を図3-1に示す。

W→F葛藤は,長時間労働や過重労働などにより,仕事以外の生活に割くための時間が減ることや,心理的な余裕を失うことによって生じる。このため,育児や介護など,仕事以外の活動にある程度の時間を費やさねばならない制約のある従業員にとっては,W→F葛藤の影響を強く受けるだろう。Beauregard and Henry(2009)は,WLB支援制度を利用できる環境であれば,W→F葛藤が低減し,職務態度が向上することを示した。WLB支援制度は,家庭や生活面で負荷がかかっている従業員にとっての時間的・心理的な負担を緩和するものであるため,従業員がWLB支援制度を

3.2 理論および仮説

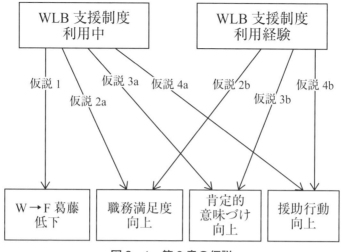

図 3−1　第 3 章の仮説

利用すれば，W → F 葛藤が軽減されることが予測される。このため，WLB 支援制度を利用中の従業員は，家庭生活から生じる心理的負担が軽減することで，W → F 葛藤が低くなると考える。

仮説 1　WLB 支援制度を利用中の従業員については，そうでない従業員に比べて W → F 葛藤が低い。

　従業員が WLB 支援制度を利用して，仕事と生活が充実するようになれば，職務満足度が高まると考えられる。従業員は WLB が充実していない環境では，職場環境に不満を感じて，働きやすさを実感できない（守島，2004）。一方，WLB 支援制度を利用することで，職場における職務を遂行するだけでなく，家庭生活でも家事や子育て責任を担うことができるため，心理的な余裕が生まれ，ストレスが低くなる（Halpern, 2005）。さらに，資源保存理論に基づくと，仕事と家庭生活の両立の支援を受けることは，従業員のリソースが増えることにつながり，ストレスが減少する（Hobfoll,

2001)。このため,家庭生活を支援する WLB 支援制度を利用している従業員は,心理的な余裕を持って仕事に打ち込めるようになるため,職務に満足するようになる。

また,WLB 支援制度の利用経験のある従業員も職務満足度が高くなると考えられる。WLB 支援制度を利用した経験がある従業員は,組織全体で自身の WLB を重視してくれていると受け止めるようになる。このため,今後も家庭生活で職場からの支援が必要な場合でも,必要な支援を受けることが可能であると思うため,WLB 支援制度を利用した職員は,職務満足度が高くなるだろう。

> **仮説 2a** WLB 支援制度を利用中の従業員については,そうでない従業員に比べて職務満足度が高い。

> **仮説 2b** WLB 支援制度を利用した経験がある従業員については,そうでない従業員と比べて職務満足度が高い。

WLB 支援制度を利用していることによって仕事と生活がともに充実するようになれば,職務に満足するだけでなく,組織に貢献するようになると考える。社会的交換理論によれば,従業員は,職場の上司,同僚などから好意や支援を受けると,恩恵を受けたことに対して積極的に報いようとする互酬性の法則が働くと考えられる(Blau, 1964)。この理論に基づけば,従業員が WLB 支援制度を利用した場合,組織や同僚などから受けた支援に対する見返りとして,積極的な職務態度および行動によって報いようとする。その1つのあらわれとして,従業員は仕事そのものに対して肯定的な意味づけを行うだろう。ジョブ・クラフティングの理論によれば,従業員は受動的に仕事をこなすのみならず,主体的に仕事を受けとめて取り組んでいくようになる(関口,2009;Wrzesniewski & Dutton, 2001)。WLB 支援制度を利用することにより,職務態度が向上するとともに,前向きに仕事に

取り組むため，仕事に対して肯定的に意味づけするようになると考えられる。

こうした仕事に対して肯定的な意味づけを行う従業員には，WLB 支援制度を利用している従業員だけではなく，利用経験がある従業員も含まれる。制度を利用した経験を持つことで，組織全体に対して恩義を感じるようになり，職場でも積極的に仕事を行おうとするため，仕事自体を肯定的に捉えるだろう。

また，職務満足度や仕事を行うことへの不安の減少も，従業員の肯定的な意味づけにつながる。WLB 支援制度を利用中である従業員は，子育ての支援や時間などのリソースを得ているため，職務満足度が高くなるとともに，仕事を遂行するにあたって WFC などの不安が減少して，仕事に安心して打ち込めるようになるだろう。また，WLB 支援制度の利用経験がある従業員についても，所属する組織は，WLB を充実させることの必要性を認識していると受け止め，安心して職務を遂行できるようになり，物事を肯定的に捉えるようになると考えられる。

以上より WLB 支援制度を利用中である従業員や，WLB 支援制度を利用した経験のある従業員は，自身の仕事に対して肯定的な意味づけを行うようになると予測する。

> **仮説 3a** WLB 支援制度を利用中の従業員は，そうでない従業員よりも仕事に対して肯定的な意味づけを行う。

> **仮説 3b** WLB 支援制度を利用した経験のある従業員は，そうでない従業員よりも仕事に対して肯定的な意味づけを行う。

WLB 支援制度を利用することによって労働意欲が向上し，積極的な職場への貢献意欲が高まることによって，職場の同僚に対する援助行動が高まると考えられる。これは，仕事に対する労働意欲が高まるためだけでな

く，WLB 支援制度の利用にあたって，直接的もしくは間接的に支援を受けたことに対して，見返りの行動を行うようになるためと考える。欧米の研究結果では，WLB 支援制度が役に立つと知覚することは，従業員の援助行動と関連しているとの調査結果が示されている（Lambert, 2000）。本章では，WLB 支援制度を利用している従業員や，利用した経験がある従業員は，組織に対して恩返しをしようとして，職場内で同僚に対する援助行動が高まると予測する。

> **仮説 4a** WLB 支援制度を利用中の従業員は，そうでない従業員よりも援助行動の度合いが高い。

> **仮説 4b** WLB 支援制度を利用した経験のある従業員は，そうでない従業員よりも援助行動の度合いが高い。

3.3 調査方法

3.3.1 分析データ

仮説を検証するため，ある地方自治体（以下，「A 県」という。）の行政職員を対象に 2009 年 10 月下旬に質問紙調査を行った。A 県の職員数（行政職員）は約 9,000 人である。A 県が提供している WLB 支援制度には，育児休暇，職員の子育て支援休暇[4]，育児のための短時間勤務，介護休暇などが含まれる。

2009 年の時点で A 県の本庁は 5 部制（県土整備部，農政環境部など）を

---

4) A 県の子育て支援休暇は，子供が病気の時や健康診断に行く際など性別にかかわらず取得できる休暇制度である。

とっていた。調査の実施にあたっては，A 県庁内に出向き，それぞれの部に所属する職員および地方機関（県民局および県税事務所）に所属する職員を通じて課長以下の 186 名に対して質問票を配布してもらった。その結果，147 名からの回答を得た（回収率 79%）。回答者のうち，女性は 58 名（39%）であり，役職については管理職 9 名（6%），監督職 21 名（14%），それ以外 117 名（80%）であった。管理職には課長級および副課長級が含まれ，監督職には係長級が含まれる。A 県の平成 22 年度人事委員会勧告によれば，行政職員に占める女性の割合は 32% であり，管理職 14%，監督職 19%，それ以外 65% であったことから，今回のサンプルの特徴としては，男女比については，女性が実際よりも少し多い結果となり，監督職，管理職の割合が実際よりも少なく，代わりにその他の職員の割合が実際よりも高くなった。また，調査対象者のうち，それぞれの WLB 支援制度について制度利用経験あり（利用中も含む）と回答した割合については，育児休暇（14.6%），職員の子育て支援休暇（7.7%），育児のための短時間勤務（2.8%），介護休暇（1.4%）であった。

3.3.2　使用変数

W → F 葛藤については，Carlson, Kacmer, and Williams（2000）を渡井・錦戸・村嶋（2006）が和訳した多次元的ワーク・ファミリー・コンフリクト尺度のうち，仕事によって家庭生活に負担が出ている度合い（Work-to-family conflict）に該当するものを 6 つの質問項目で測定した（表 3-1 の項目内容 1）。仕事への肯定的意味づけについては，関口（2009）によって用いられた主体的ジョブデザイン行動のうち，仕事への肯定的意味づけに該当する次元を 3 つの質問で測定した（表 3-1 の項目内容 3）。援助行動は，Podsakoff, MacKenzie, Moorman, et al.（1990）および Morrison and Phelps（1999）によって開発された尺度を参考に，4 つの質問で測定した（表 3-1 の項目内容 2）。これらの項目については，7 段階のリッカート尺度で回答してもらい，各項目について回答を点数化した後，該当する項目の回答を足しあげ平均化

第 3 章　ワーク・ライフ・バランス支援制度の効果

したうえで指標化した。

WLB 支援制度の利用経験については，平均退勤時間が定時（17 時 30 分）より早い時間と回答している場合を，短時間勤務制度の利用中と解釈し，制度利用中のダミー変数とした。また，A 県の 4 つの休暇制度（育児休暇，男性の育児参加のための特別休暇，短時間勤務制度，介護休暇）について，（1 = 利用経験あり，2 = 利用する予定，3 = 必要性あるが利用予定なし，4 = 必要性ないので利用予定ない，5 = その制度を知らない）で回答してもらい，1 つでも「利用経験あり」を選んだ人（ただし，制度利用中の職員を除く）については，利用経験有りのダミー変数とした。制度利用中は 5 名（全員女性），制度利用経験有りは 22 名（男性 6 名，女性 16 名）であった。残業時間については，平均退勤時間と定時（17 時 30 分）との差を計算した。

統制変数として，性別，役職として職員・主任・主査，監督職（係長），管理職（副課長，課長）のダミー変数を投入した。

3.4　結果

3.4.1　因子分析および信頼性分析

本章で用いられた変数の弁別妥当性を確認するため，主因子法およびバリマックス回転による因子分析を行った結果を表 3-1 に示す。仮説 1 および仮説 2 の検証に用いる従属変数である W→F 葛藤，援助行動，仕事への肯定的意味づけについては，固有値 1.0 以上を基準として 3 因子が抽出され，全分散の 79% を説明した。

第 1 因子は W→F 葛藤（α = .92），第 2 因子は援助行動（α = .68），そして第 3 因子は仕事への肯定的意味づけ（α = .69）と，変数として用いる質問項目が想定どおりに因子に分かれた。因子分析および信頼係数の結果を表 3-1 に示す。測定尺度の弁別妥当性および信頼性に問題がないと判断したため，それぞれの項目を単純加算し平均値を用いて尺度化することとした。

3.4 結果

表3−1 利用尺度の因子分析および信頼係数

項目内容	1	2	3
1. W→F葛藤 ($\alpha=.92$)			
家族と過ごしたい時間を，思っている以上に仕事にとられる。	**.698**	.168	-.038
仕事に時間が取られるため，家庭での責任や家事をする時間が取りにくい。	**.838**	.099	-.039
職務を果たすのに多くの時間を使うため，家族との活動ができないことがある。	**.852**	.196	-.064
仕事から帰った時，くたくたに疲れていて，家族といろいろなことをしたり，家族としての責任が果たせないことがよくある。	**.917**	-.091	.011
仕事から帰った時，精神的に疲れ切っていて，家族のために何もすることが出来ないことがよくある。	**.749**	-.223	.068
職場でのストレスのために，家に帰っても自分が好きなことさえ出来ないことがある。	**.811**	-.189	-.068
2. 援助行動 ($\alpha=.68$)			
たくさんの仕事を抱えている仕事仲間がいても，その人を手伝わない。（逆転項目）	-.154	**.562**	.091
必要であればまわりの仕事仲間を手助けできるよう準備する。	-.074	**.537**	.142
業務にからむ問題を抱えている仕事仲間を手助けする。	.120	**.865**	.005
自分から進んで新しく入ってきた仕事仲間が職場になじむようサポートする。	.121	**.504**	.071
3. 仕事への肯定的意味づけ ($\alpha=.69$)			
自分の担当する仕事を見つめ直すことでやりがいある仕事と考える。	-.082	.144	**.662**
自分の担当する仕事を単なる作業の集まりではなく，全体として意味のあるものと考える。	-.023	.147	**.642**
自分の担当する仕事は，社会的に意義のあるものであるとは思わない。（逆転項目）	.037	.003	**.635**

3.4.2 基本統計量

使用変数の平均，標準偏差および相関行列を表3−2に示す。制度利用中であることと職務満足度は有意の正の相関，制度利用経験があることと援助行動とは有意の正の相関が認められ，仮説2aおよび仮説4bと整合的である。

3.4.3 仮説の検証

WLB支援制度の利用に伴う効果に関する仮説を検証するため，階層的重回帰分析を実施した。結果を表3−3に示す。階層的重回帰分析の第1

表3-2 使用変数の平均値,標準偏差,最小値,最大値,相関係数

	使用変数	平均	標準偏差	最小値	最大値	1	2
1	性別(女性)	0.39	0.49	0.00	1.00		
2	役職(監督職)	0.14	0.35	0.00	1.00	-.13	
3	役職(管理職)	0.06	0.24	0.00	1.00	-.09	-.10
4	制度利用中	0.03	0.18	0.00	1.00	**.23****	-.08
5	制度利用経験	0.19	0.39	0.00	1.00	**.35****	-.05
6	W→F葛藤	3.74	1.32	1.00	7.00	-.06	-.04
7	職務満足度	4.20	1.30	1.00	7.00	.05	.03
8	援助行動	4.95	0.65	3.50	7.00	.03	.08
9	肯定的意味づけ	4.64	0.91	1.33	7.00	-.00	.11

$^{**}p < .01$, $^{*}p < .05$, $^{†}p < .10$

表3-3 仮説1~4の検証に用いた階層的重回帰分析の結果

	W→F葛藤		職務満足度		
	モデル1	モデル2	モデル3	モデル4	モデル5
性別(女性)	-.06	-.06	.07	.03	.05
役職(監督職)	-.04	-.04	.05	.06	.05
役職(管理職)	.09	.09	.13	.13	.13
制度利用中		-.02		**.18***	
制度利用経験					.06
サンプル数	145	145	145	145	145
R^2	.02	.02	.02	.05	.02
ΔR^2		.00		.03	.00
ΔR^2 の F 値		.01		**4.45***	0.47

$^{**}p < .01$, $^{*}p < .05$, $^{†}p < .10$

ステップでは,統制変数のみを重回帰式に投入し(モデル1,3,6,9),第2ステップで制度利用中(モデル2,4,7,10),制度利用経験(モデル5,8,11)をそれぞれ投入した。

まず,W→F葛藤を従属変数としたモデル1および2では,制度利用中については有意な効果は見られなかった(モデル2)。したがって,仮説1は支持されなかった。職務満足度を従属変数とするモデル3~5について

3.4 結果

3	4	5	6	7	8

-.05					
-.12	**.39****				
.10	-.03	-.03			
.11	**.17***	.06	**-.43****		
.23**	.03	**.18***	-.02	.11	
.24**	.12	-.04	-.05	**.43****	**.18***

	援助行動			肯定的意味づけ		
	モデル 6	モデル 7	モデル 8	モデル 9	モデル 10	モデル 11
	.07	.06	-.01	.04	.01	.04
	.12	.12	.12	**.14**†	**.15**†	**.14**†
	.24**	**.24****	**.26****	**.25****	**.26****	**.25****
		.03			**.14**†	
			.22**			-.01
	147	147	147	147	147	147
	.07	.07	.11	.08	.09	.08
		.00	.04		.02	.00
	0.17		**6.83****		**2.78**†	0.03

は，制度利用中について有意の正の効果をもたらすことが確認され（β =.18, $p < .05$）（モデル4），制度利用中を投入したことによりモデルの予測力も有意に上昇した（$\Delta R^2 = .03$, $F = 4.45$, $p < .05$）（モデル3，4）。一方で，制度利用経験については職務満足度に対する有意な効果は見られなかった（モデル5）。したがって，仮説2aは支持されたが，仮説2bは支持されなかった。援助行動を従属変数とするモデル6〜8については，制度利用経

験について有意の正の効果をもたらすことが確認され（$\beta = .22, p < .01$）（モデル 8），援助行動を投入したことによりモデルの予測力も有意に上昇した（$\Delta R^2 = .04, F = 6.83, p < .01$）（モデル 6, 8）。一方，制度利用中については援助行動に対して有意な効果は見られなかった（モデル 7）。したがって，仮説 3b は支持されたが，仮説 3a は支持されなかった。肯定的意味づけを従属変数とするモデル 9〜11 については，制度利用中について 10% 水準で有意であり（$\beta = .14, p < .10$）（モデル 10），制度利用中を投入したことによりモデルの予測力も有意に上昇した（$\Delta R^2 = .02, F = 2.78, p < .10$）（モデル 9, 10）。一方，制度利用経験については肯定的意味づけに対して有意な効果は見られなかった（モデル 11）。よって，仮説 4a について有意水準はやや低いものの支持されたが，仮説 4b は支持されなかった。

3.5 小括

本章では，WLB 支援制度利用者本人の視点から，WLB 支援制度利用の効果について仮説検証を行った。その結果，WLB 支援制度を利用中の従業員だけでなく，制度を利用した経験のある従業員についても，職務態度の向上や職場に貢献するようになることが示された。

まず，WLB 支援制度を利用中である従業員については，職務満足度が高くなった。本来，WLB 支援制度を利用中である従業員は家庭生活における葛藤が高く，職務満足度に悪影響が生じている可能性も考えられたが，本章では制度を利用中の従業員の職務満足度は高くなった。この理由として，制度の利用に伴い，担当している業務負担を軽減されている可能性や，業務を肩代わりしてもらっていることに対して職場の従業員に感謝している可能性が考えられる。また，肯定的意味づけも有意性がやや低いながらも支持されている。これは，制度を利用することにより，サポートされたり業務負担が軽減されたりすることに対し恩返しをしようとして，肯定的

3.5 小括

に仕事に取り組もうとすることのあらわれであることを示唆している。

一方で，WLB 支援制度を利用中である従業員は，職場においてW→F葛藤は低くなかった。これについては2つの理由が考えられる。1つは，制度利用中の職員についてはもともとW→F葛藤が高いことが考えられる。そのため，もしも制度を利用していなければW→F葛藤がもっと高くなっていたが，WLB 支援制度を利用することでW→F葛藤は低く抑えられた可能性が考えられる。もう一つは，WLB 支援制度を利用することが十分には効果をもたらしていないことも考えられる。WLB 支援制度を利用したとしても，気兼ねなく制度を利用できる環境でなければ，W→F葛藤があまり低減しない可能性がある。

また，従業員が制度を利用した経験を持つことで，同僚への援助行動の度合いが高まることが示された。また，制度利用中の従業員は肯定的意味づけが高まることも有意水準が低いながらも示された。このことは，制度利用中だけでなく，WLB 支援制度の利用経験があることで，職場に恩義を感じて，長期的に職場に貢献するようになることを示している。このため，WLB 支援制度を整備して，その利用を促進することが，社会的交換関係によって長期間にわたり職場全体の生産性向上につながる可能性を示している。

一方で，制度利用経験については，職務満足度に影響をもたらさなかった。このことは，短時間勤務制度の利用対象から外れたため，制度を利用していたとき比べて，仕事と家庭生活の両立が相対的に困難になっている可能性がある。また，制度利用経験を持っていることは肯定的意味づけには影響をもたらさなかったことについても，制度を利用していたときに比べて，業務負担やそれに伴う心理的な負担が増えていることが考えられる。

本章は，Lambert（2000）の互酬性の視点を発展させるかたちで，WLB 支援制度の利用が，互酬性のメカニズムを通じて個人の良好な職務態度や職場の生産性向上につながることを示す結果を得たという点で，有意義であった。

第 3 章　ワーク・ライフ・バランス支援制度の効果

　本章では，WLB 支援制度を利用中もしくは利用経験のある従業員が職場に貢献するようになるという仮説を検証するにあたって，地方自治体に勤める職員を調査対象とした。公的組織では WLB 支援制度が十分に整備されていること，従業員は長期的なコミットメントを前提としているという特徴がある。本章では，WLB 支援制度を利用した経験のある従業員は援助行動が高まった。この結果については，長期的なコミットメントを前提として働いているため，職場に対しても恩返しするようになることにつながった可能性がある。このため，民間企業を対象に研究を行うにあたっては，転職可能性も踏まえたうえで，WLB 支援制度の効果について検証をすることが必要である。

　ここまで，第 2 章および第 3 章では，従業員が WLB 支援制度を利用した場合に，どのような効果が生じるかに焦点を当てた。その結果，WLB 支援制度を利用することで，職場での生産性向上や従業員の職務態度が良好となることが示された。こうした効果が職場や組織にいきわたるためには，WLB 支援制度を利用しやすい環境であることが必要である。特に，職場単位で，WLB 支援制度を利用することを促進することが重要である。このため，第 4 章以下では，これまで注目されることの少なかった，WLB 支援制度の利用者を取りまく，制度利用者以外の従業員に焦点を当てる。

第4章
ミドルマネジャーの寛容度

第2章および第3章では，WLB支援制度の利用者本人に焦点を当てた。第2章では，従業員がWLB支援制度を利用することにより，家庭生活におけるリソースが高まり，職場でも創造的な職務行動を行うこと，および，職場で得られるリソースが低いほど家庭生活のリソースの効果が高まることを示した。また，第3章では，従業員はWLB支援制度を利用した経験を持つことで，周りの従業員を手助けするという援助行動が高まることが示された。この結果，WLB支援制度の利用者は，WLB支援制度を利用した後も，職場内での生産性の向上に取り組むことが示された。第2章および第3章の結果，従業員がWLB支援制度を利用することには，大きな経営上の意義があることが確認できた。

　ところが，WLB支援制度が充実しても効果的には活用されていないといわれている（今野・佐藤，2009，佐藤・武石，2010）。企業などがWLB施策を整備しても，職場単位では制度を利用しづらい雰囲気があったり，制度を利用しない従業員に負担がかかったりするという課題がある。これはWLB支援制度の利用者の周りには，WLB支援制度のニーズがない，もしくはWLB支援制度の恩恵を直接は受けない上司や同僚従業員が多数存在するためである。WLB支援制度を利用することを希望しても，周囲の従業員を気遣って制度を利用することを躊躇することも考えられる。一方で，職場においてWLBのニーズが少ない彼らに焦点に当てたWLBの研究というのはこれまでほとんどなかった。

　本書の後半部分では，WLB支援制度の恩恵を直接受けることの少ない上司と同僚従業員に焦点を当てる。WLB支援制度を利用する際に，彼らがWLB支援制度の利用に寛容となり，職務態度が向上するためのリソースについて探っていく。

　まず，第4章では，WLBの恩恵を直接には受けない従業員のうち，上司に焦点を当てて調査を行う。部下がWLB支援制度を利用する際に，上司の寛容度に影響をもたらす要因について，仮説を構築し，実証研究を行う。

第4章　ミドルマネジャーの寛容度

4.1　本章の目的

　第4章以降では，WLB支援制度のニーズが少ない従業員に焦点を当てるが，特に本章では，部下がWLB支援制度を利用することに対してミドルマネジャーが寛容となるための条件について分析を行う。本章は，以下の3つの特徴を持つ。それは，1) JD-Rモデルを参考に仮説を構築し，ミドルマネジャーのリソースの高さと，部下がWLB支援制度を利用することに対するミドルマネジャーの寛容度との関係に焦点を当てること，2) 調査対象をミドルマネジャーとすること，3) WLB支援の目的を家庭生活の充実と個人生活の充実に分け，どのような条件のもとで部下がWLB支援制度を利用することに対してミドルマネジャーは寛容となるかについて分析していることである。

　まず，本章では，職務ストレスモデルの1つであるJD-Rモデルを参考に仮説を構築し，ミドルマネジャーのリソースの高さと，部下がWLB支援制度を利用することに対するミドルマネジャーの寛容度との関係に焦点を当てる。JD-Rモデルでは，職場環境は，身体的・心理的負荷と関連する仕事の要求度と，仕事の要求度を緩和するリソースの2種類に分類される (Bakker & Demerouti, 2007)。後述のとおり，本章では，ミドルマネジャーはもともと仕事の要求度が高いため，部下がWLB支援制度を利用することに対して寛容となりづらいと考えた。部下がWLBを充実させることに対して寛容でない場合であっても，ミドルマネジャーのリソースを高めることにより，ストレスが軽減し心理的な余裕が生じて，部下がWLB支援制度を利用することに対して寛容となると期待できる。

　また，本章では，上司と部下に挟まれた立場のミドルマネジャーを研究対象とする。ミドルマネジャーについては「職場の部下を管理しており，さらに上位に自分を管理する上司がいるポジションの従業員」と定義する。調査の目的は，部下がWLB支援制度を利用することに対して寛容と

なるために，ミドルマネジャーに求められるリソースを明らかにすることである。ミドルマネジャーのリソースのうち，本調査では彼（彼女）の上司からの仕事の支援と，担当職務の自由度に焦点を当てている。ミドルマネジャーも組織の一員であることから，彼（彼女）の上司から仕事の支援を受けることにより，ストレスが軽減し心理的な余裕が生じて，部下がライフを充実させることに対して寛容となることが予想される。また，担当職務の自由度もモチベーションなどの職務態度と関連することから（Hackman & Oldham, 1976)，部下がライフを充実させることに対する寛容度に影響を与えることが予想される。

　さらに，本章では，ライフの充実について，家庭生活の充実と個人生活の充実に分けて分析を行う。WLB 支援の目的については，育児・介護などの家庭生活の充実だけでなく，社会活動，趣味などの個人生活の充実も含まれる。このように WLB を分類したうえで，部下がライフを充実させることに対して上司が寛容となる要因について探った既存研究は管見の限り見当たらない。本章では，WLB 支援の目的を家庭生活の充実と個人生活の充実に分類し，これらの WLB 支援制度を部下が利用することに対してミドルマネジャーが寛容となるための職場環境として，ミドルマネジャーの職務自由度と，ミドルマネジャーの上司からの支援が与える効果について検証する。これにより職場環境の違いにより，部下の家庭生活の充実もしくは個人生活の充実のいずれに対してミドルマネジャーが寛容となるかを検証している。部下が WLB 支援制度を利用することに対して上司が寛容となるための条件について調査を行うことにより，従業員が望むライフの充実をもたらす上司の職場環境について明らかになり，現場レベル（従業員が集い，ともに働く職場単位）において，従業員の WLB を実現するための方法を示すことにつながることが期待できる。

第 4 章　ミドルマネジャーの寛容度

4.2　既存研究

　これまで，WLB 支援制度の利用を促進するにあたって，管理職など制度利用者の上司が重要な役割を果たすことがたびたび指摘されてきた。たとえば，上司は WLB 支援制度を利用しやすいように環境の整備を行うと指摘されており（佐藤・武石，2010），家庭生活に支援的な上司のもとで働く従業員は，利用中もしくは利用経験のある WLB 支援制度の数が多い（Allen, 2001）とされてきた。加えて，上司からの WLB 支援制度に対する評価により，WLB 支援制度の利用希望者が取る行動が異なると指摘されている（藤本，2009b）。このように，部下の WLB を上司が積極的に支援することにより，従業員のライフの充実につながるとされている。

　このような WLB の支援を積極的に行う上司とはどのようなものかについては従来から研究されてきた。これは従業員の WLB の実現につながる要因であるためである。既存研究では，従業員の家庭生活の充実を応援する上司の行動について研究が蓄積されている。たとえば，前述のとおり，家庭生活の充実を応援する上司のもとでは，部下が WLB 支援制度を利用しやすいことが示唆されている（Allen, 2001）。また，Hammer, Kossek, Yragui, et al. (2009) は，家庭生活の充実を応援する上司の行動を，情緒的サポート，家庭生活を重視するロールモデル，日常業務の中での家庭生活への支援，創造的かつ戦略的な組織全体での取り組みの 4 つに分類している。さらに，Straub（2012）のレビュー論文によれば，家庭生活の充実を応援する上司の行動は，仕事が家庭生活にもたらす影響や家庭生活が仕事にもたらす影響などの個人的な要因だけでなく，家庭生活に支援的な文化や，WLB を支援することに対する評価など上司を取り巻く文脈的な要因によってももたらされるとしている。

　このように，WLB 支援の実践に向けての研究が積み重ねられてきた一方で，部下が WLB 支援制度を利用することに対する上司の寛容度に着目

した研究や，上司の寛容度や評価に影響を与えうる要因についての研究は少ない（Poelmans & Beham, 2008；坂爪, 2009）。WLB 支援制度を利用することに対する寛容度の研究では，主に制度利用希望者に焦点を当てたものが多い。一例として，Powell and Mainiero（1999）によれば，制度利用希望者の仕事内容や，利用する制度によって，部下が WLB 支援制度を利用することに対する上司の寛容度が異なってくると述べている。また，Klein, Berman, and Dickson（2000）は，制度利用者の職場での価値や，退職する可能性があるかといった，制度利用者に対してどの程度依存しているかにより，WLB 支援制度を利用することに対する容認度合いが異なると指摘している。Poelmans and Beham（2008）は，Powell and Mainiero（1999）や Klein et al.（2000）の指摘した内容に加えて，上司の家庭的責任，価値観，訓練の経験などの個人レベル，課の人数や施策対象者の割合などの集団レベル，評価方法や家庭生活に支援的な文化の有無などの組織レベルの3つが，部下が WLB 支援制度を利用することに対する寛容度に影響を与えるとしている。さらに，坂爪（2009）は，上司の WLB に対する評価と，WLB を支援する行動との両方の調査を行い，組織風土や制度の導入理由などが WLB に対する積極的評価に影響する一方で，マネジメント人数や短時間勤務者の勤務内容，導入理由が否定的評価に影響を与えることを示している。

　部下が WLB 支援制度を利用することに対する上司の寛容度に関する既存研究については，不十分な点が2つあると考える。それは，1）WLB 支援を行う上司にも彼（彼女）の上司が存在するなど職場環境の考察が不十分であること，2）WLB 支援の目的について家庭生活の充実と個人生活の充実に分類して分析していないという点である。これらの要素を加味することにより，現場レベルでの WLB 実践のために必要となる条件をより深く考察することが可能になるだろう。

　まず，既存研究では，上司にもその上にさらに上司がいる可能性があることを考慮していないことから，上司が職場環境から受ける影響の考察が不十分である可能性が考えられる。組織では，上司と部下との単一な関係

があるだけでなく，上司の上にも上司がいるなど，「上司－部下」の関係が何層にも積み重なっている（Zhou, Wang, Chen, et al., 2012; Tangirala, Green, & Ramanujam, 2007）。そのため上司の個人的要因だけでなく，本人がさらにその上の上司からどのような支援を受けているかにより，部下が WLB を充実させることに対する寛容度が異なってくると考えられる。

　また，既存研究において，WLB 支援の目的を家庭生活と個人生活の充実に分類した研究はほとんど見当たらない。Özbilgin, Beauregard, Tatli, et al. (2011) は，欧米の WLB に関する大多数の研究については，育児など家庭生活の充実についてのものであることを指摘している。日本でも，もともとファミリー・フレンドリー（WLB のうち家庭生活の支援）に関する実証研究（坂爪, 2002；藤本, 2007；武石, 2006；藤本・新城, 2007）が主流であった。また，WLB 支援制度の利用者の上司を調査対象とした実証研究についても，短時間勤務の従業員を抱えたことのある上司を対象とした調査（坂爪, 2009）などがあるものの，WLB を分類したうえで調査を行った既存研究は見当たらない。WLB 支援制度利用者の上司を対象とした研究ではないものの，武石（2008）は育児休暇と，大学院・ボランティアなど育児以外の WLB 支援制度の2つに分け，制度の有無が従業員のモチベーションに与える効果を検証した。その結果，育児休暇制度を持つ企業と，育児休暇以外の WLB 支援制度の両方を持つ会社では従業員のモチベーションは高くなったものの，これら2つのタイプでモチベーションの高さに違いは見出されていない。

　そこで，本章では，上司と WLB 支援制度の利用を希望する部下だけでなく，上司と彼（彼女）の縦の関係にも着目するため，上司と部下に挟まれた立場にあるミドルマネジャーを調査対象としている。本章では，ミドルマネジャーの仕事の手順や量といった担当職務の自由度が高い場合と，仕事が円滑に進むように配慮するなどミドルマネジャーが彼（彼女）の上司から仕事の支援を受ける場合について調査を行っている。先行研究では，担当職務の自由度が高い場合は従業員のモチベーションや満足度が高まる

ことが指摘されている（Hackman & Oldham, 1976）。また，上司からの支援を含むソーシャル・サポートが高まることによりストレスが低下するとされている（e.g. Cohen & Wills, 1985；浦，1992；小杉，2002）。そのため，本章では，これらの要因は企業が WLB 施策を充実することに対する弊害の予測と，部下による WLB 支援制度の利用に対する寛容度に影響を与えると考える。

　本章では，WLB のライフについて家庭生活と個人生活に分け，現場レベルで WLB を促進するための条件について調査を行う。その理由は，育児・介護休業法等で法定化されている家庭生活に関する WLB の支援と，それ以外の個人生活に関する WLB の支援では，一般的に必要性の認知度や対象となる人数，業務への影響度合いが異なり，従業員の反応も異なると予想されるためである。家庭生活の充実に関する制度の導入率は高く，平成 26 年度の育児のための所定労働時間の短縮措置等の制度は 61.3%，介護休暇制度は 30 人以上の企業で 80.6% である（厚生労働省，2014a）。一方で，個人生活の充実に関する制度の導入率は低く，リフレッシュ休暇制度は 11.1%，ボランティア休暇は 2.8%，教育訓練休暇は 3.2% である（厚生労働省，2013）。また，個人生活の充実を支援する要因を探る既存研究はほとんどないが，個人生活の充実については，家庭生活の充実と比べて，支援の対象となる人数が多い。実際，アメリカでは，育児休暇制度だけでは制度の利用対象となる従業員が少なく，制度を利用することができない従業員からの反発があったため，より対象者が広い個人生活を含めた WLB の概念が浸透した。さらに，家庭生活については，個人生活の充実よりも業務に影響を及ぼす度合いが強いと考える。たとえば従業員が子供を出産する場合には，産前産後休暇に続いて，育児休業，育児休業復帰後の短時間勤務などを利用することが見込まれる。また，介護については，職場に影響を及ぼす期間は長いこともあるし，そもそもどのくらいの期間続くかについて予想できない。一方で，ライフのうち個人生活を充実させる場合は超過勤務を免除されて大学院に通うことや，数日間休暇を取得してボラ

第4章　ミドルマネジャーの寛容度

ンティアを行うということが考えられる。こうしたケースでは，家庭生活を充実させる場合に比べて，職場に影響を与える期間や影響度合いが少ないと考える。以上より，家庭生活だけでなく，これまで研究対象とならなかった個人生活も含めて部下がライフを充実させることに対して，ミドルマネジャーが寛容となるための条件について考察する必要があると考える。

4.3　理論および仮説

4.3.1　Job Demands-Resources モデル

本章では，どのような職場環境のもとで，部下がWLB支援制度を利用することに対してミドルマネジャーは寛容となるかについて調査を行う。具体的には，部下からWLB支援制度を利用することの申し出を受けた場合におけるミドルマネジャーの受け止め方を調査対象とする。

仮説の構築にあたって，職務ストレスモデルのJD-R（Job Demands-Resources）モデルをもとに，ミドルマネジャーのリソースの高さが，部下がWLB支援制度を利用することに対する寛容度に与える影響に着目した。JD-Rモデルとは，職場環境を仕事の要求度とリソースに分けて，モチベーションを高めたり，心身の健康を損ねたりするプロセスを説明する理論である（Bakker & Demerouti, 2007）。後述のとおり，ミドルマネジャーは業務量が多く，業務関連のストレスが多いため職務ストレスモデルの枠組みを用いた[1]。また，本章の分析では，上司からの仕事のサポートと，仕事

[1) 後述のとおり，本書では同僚従業員の心理について公平意識の観点から研究を行っている。Adamsの衡平理論では，インプットとアウトカムの比率を他人と比較をしたうえで不公平かどうか判断する。その比較にあたっては，自身と比較考慮する対象となることが前提となっている。上司は，部下であるWLB支援制度利用者を同等の立場として比較の対象としていないと考えたため，公平意識の観点から仮説を構築していない。

の裁量度合いがもたらす効果についてそれぞれ検証を行う。JD-R モデルはリソースの概念を幅広く捉える資源保存理論を理論的な支柱の一つとしており，従業員のリソースに加えて仕事の要求度についても組み込んだ，JD-R モデルを用いることが適当と考えた。

JD-R モデルの仕事の要求度とリソースについて述べていく。まず，仕事の要求度は，「仕事の身体的，心理的，社会的，組織的な側面で，継続的な身体的，心理的（認識・情動）な努力や技能を必要としており，身体的・心理的なコストがかかるもの」（Bakker & Demerouti, 2007, p. 312）である。仕事の要求度の例としては，仕事量，時間的プレッシャー，突発的な出来事，厳しい顧客や患者との関わりなどが挙げられる（Xanthopoulou, Bakker, Dollard, et al., 2007）。仕事の要求度が高い場合には，心理的に消耗して健康を損ねるとされる（e.g. Demerouti, Bakker, Nachreiner, et al., 2001）。一方，リソースは，「仕事の目的達成に役立つか，仕事の要求度を減らして，身体的・心理的なコストと関連する，もしくは個人の成長・学習・発達を刺激するもの」である（Bakker & Demerouti, 2007, p. 312）。また，リソースの例として，技能の活用，学習，職務自由度，同僚や上司のサポート，業績のフィードバック，キャリアの機会などが挙げられている（Bakker, van Veldhoven, & Xanthopoulou, 2010; Xanthopoulou et al., 2007）。さらに，リソースは，個人の成長，学習，目標達成に関わるもので，モチベーションに影響するとされている（e.g. Bakker, Demerouti, & Euwema, 2005）。

仕事の要求度とリソースはそれぞれもたらす効果が異なるが，リソースは仕事の要求度がもたらす否定的な効果を緩和するものとされている。仕事の要求度が高ければ，ストレスやバーンアウトが高くなるといった悪影響がもたらされるが，こうした影響はリソースが高まることにより緩和される（Xanthopoulou et al., 2007; Bakker et al., 2005）。すなわち，従業員のリソースが高まることにより，仕事の要求度が高い状況であっても心理的な余裕が生じうると考えられる。

また，リソースが高まることで，従業員に心理的な余裕が生じて，他者

第4章 ミドルマネジャーの寛容度

に対して寛容となると考える。これまでの JD-R モデルの研究では，仕事の要求度とリソースが，従業員本人の態度に与える影響についての調査が多かった。一方，JD-R モデルを用いた他者に対する態度についての研究は見当たらなかったが，本章では他者に対する態度にも影響を与えると考える。まず，リソースが高い従業員は，エンゲイジメントが高まり，パフォーマンスが向上することが示されている（Salanova, Agut, & Peiró, 2005; Hakanen, Schaufeli, & Ahola, 2008）。また既述のとおり，リソースが高まることで，仕事の要求度の高さが原因で生じたストレスが緩和する（Xanthopoulou et al., 2007; Bakker et al., 2005）。このため，リソースが高い従業員に心理的な余裕が生じて，部下や同僚など周囲の従業員に対して寛容となると考えられる。

WLB の研究では，従業員本人に加えて従業員の上司にも焦点を当てた研究が増えているが，このうち JD-R モデルを用いた研究では，従業員本人を対象としたものにとどまっている。WLB の研究については，当初，従業員の仕事と家庭生活のネガティブな関係についての研究が中心であったが，両者のポジティブな関係についての研究も増えてきた（Poelmans, Stepanova, & Masuda, 2008）。また，従業員の WLB を充実させるためには，管理職などの上司が大きな役割を担うため，上司に焦点を当てた研究も増えてきた（e.g., 坂爪, 2009）。一方，JD-R モデルを用いた WLB の研究では，従業員本人の仕事と家庭生活のネガティブな関係（e.g., Bakker, ten Brummelhuis, Prins, et al., 2011）やポジティブな関係（e.g., Hakanen, Peeters, & Perhoniemi, 2011）についての調査はあるが，上司のリソースに焦点を当てた調査は見当たらない。

このため，本章では，上司のリソースに焦点を当てて，部下の WLB の実現につながるプロセスについて調査を行う。具体的には，ミドルマネジャーのリソースと，部下に対する WLB 充実への寛容度との関連性について調査していく。上司は職場におけるリソースが高まることで，部下に対して寛容となり，部下の WLB の促進に影響を与える可能性がある。そ

4.3 理論および仮説

こで，従業員の WLB の実現にとって重要な役割を果たす上司のリソースがもたらす効果について，本章では JD-R モデルを用いて調査を行う。

　本章では，ミドルマネジャーは仕事の要求度が高いため，部下から WLB 支援制度を利用することの申し出を受けたとき，企業が WLB 支援施策を実施することによる弊害を予想し，部下が WLB 支援制度を利用することを容認しづらいと考える。調査対象としたミドルマネジャーはもともと多忙であるため，想定外の追加業務を負担する心理的な余裕はあまりないだろう。ミドルマネジャーは，戦略の実行や，組織のトップとボトムをつなぐなど様々な役割を果たしているものの (e.g., Shi, Markoczy, & Dess, 2009)，役割が不透明でストレスがかかることが指摘されている (Floyd & Lane, 2000; Conway & Monks, 2011)。特に，わが国では，近年ミドルマネジャーが多忙であると指摘されている。一般社団法人日本経済団体連合会 (2012) は，組織のフラット化により部下や責任が増加したこと，株主・投資家への説明責任のため短期間で結果が求められるようになったことなどから，ミドルマネジャーは部下の育成や業務の進捗管理を行うだけでなく，自らも業務を処理しなければならず，目の前の業務で手一杯となっていることを指摘している。このため，ミドルマネジャーは仕事の要求度がもともと高く，部下が WLB 支援制度を利用しようとする場合には，WLB 支援制度そのものに対して否定的に評価するようになるとともに，部下による WLB 支援制度の利用に対しても肯定的には受け止めづらいと予想される。

　一方で，担当職務の自由度の上昇や上司から受ける仕事の支援によりリソースが高まると，ミドルマネジャーは WLB 施策の実施による弊害を低く見積もり，部下が WLB 支援制度を利用することに対して寛容となると考える。既に述べたとおり，ミドルマネジャーはリソースが高まることで，活力が生じて心理的な余裕が生じ，物事を肯定的に受け止めるようになるだろう。また，仕事の要求度がもたらす否定的な効果が緩和されるため，ストレスが軽減して心理的な余裕が生じるようになると想定される。リソースには担当職務の自由度や上司からの支援が含まれる。こうしたリ

第4章　ミドルマネジャーの寛容度

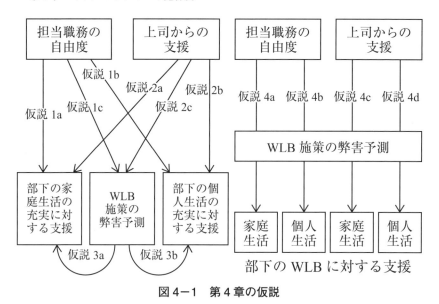

図4-1　第4章の仮説

ソースが高まることにより，ミドルマネジャーはWLB施策に対する否定的な評価が和らぐとともに，部下がWLB支援制度を利用することに対して好意的に受け止めるようになると考えられる。

以下，図4-1に示す本章の仮説について詳細に説明する。

4.3.2　担当職務の自由度

JD-Rモデルによれば，職務自由度はリソースに含まれている。そのため，ミドルマネジャーは職務自由度が高い場合は，活力が高まり肯定的に物事を捉えるようになるため，他者に対して肯定的に受け止めるようになると予想する。また，リソースが高くなることで，ストレスが減少して，心理的な余裕が生じるため，他者に対する寛容度が高まるだろう。このため，部下がライフを充実させることに寛容となるだろう。

また，従業員の仕事の性質と職務態度を関連づけた職務特性理論によれば，担当職務の自由度の高い仕事をしている従業員は，仕事に対する責任

感が強まり，モチベーションが高まり，仕事に対する満足度も高いと考えられる（Hackman & Oldham, 1976）。担当職務の自由度が高いミドルマネジャーは，部下がWLB支援制度を利用することにより業務負担が増加する可能性があったとしても，積極的に仕事に取り組み続けることが可能であると予想される。このため，担当職務の自由度が高いミドルマネジャーは，部下がライフを充実させることに対して寛容となると考えられる。

さらに，ミドルマネジャーの担当職務の自由度が高い場合には，制度利用希望者以外の部下についても担当職務の自由度が高い可能性が考えられる。WLB支援制度の利用希望者の同僚は，職場から受けるリソースが高い場合は，制度利用者の業務を代替することにより生じる負担を低く見積もるようになるだろう。このため，職務自由度が高い場合には，制度利用者以外の部下に対して追加の業務を割り振ることが容易となるため，部下がWLB支援制度を利用することに対して寛容となると考えられる。

以上を踏まえて，担当職務の自由度に関する仮説を示す。

> **仮説1a** 担当職務の自由度が高いミドルマネジャーは，部下が家庭生活を充実させることに対して寛容となる。

> **仮説1b** 担当職務の自由度が高いミドルマネジャーは，部下が個人生活を充実させることに対して寛容となる。

> **仮説1c** 担当職務の自由度が低いミドルマネジャーは，企業がWLB施策を実施することによる弊害を高く見積もる。

4.3.3 上司からの仕事の支援

ミドルマネジャーは，上司から仕事の支援を受けることにより，部下がWLBを充実させることに対して寛容となると考えられる。これについて

は，上司と彼（彼女）の上司との交換関係（Leader-leader exchange：LLX）および上司と部下との交換関係（Leader-member exchange：LMX）から説明される。ミドルマネジャーは，上司と部下との間の立場にあるため，部下との間の交換関係（LMX）だけでなく，上司との交換関係（LLX）についても考慮する必要がある。

　ミドルマネジャーは彼（彼女）の上司との関係（LLX）が良好であると，部下との関係（LMX）にも良い影響がもたらされる。上司と部下の関係性が良好であると，部下の職務態度やパフォーマンスも良好となるが，上司と彼（彼女）との関係が良好であると，さらに職務態度等が向上する（Tangirala et al., 2007; Zhou et al., 2012）。そのため，WLB 支援制度利用者が出現することによって生じた追加の業務を，ミドルマネジャーが他の部下に割り振ったとしても，その部下の業務の遂行にはそれほど影響をもたらさないと考えられる。また，ミドルマネジャーと上司の関係が良好である場合，ミドルマネジャーは困難な業務を遂行していても職務成果が高まる（Dunegan, Duchon, & Uhl-Bien, 1992）。そこで，部下が WLB 支援制度を利用した場合でも，ミドルマネジャー自身が部下の仕事を一部受け持つことや仕事の割り振りを工夫するといった配慮をする心理的な余裕が生じるだろう。

　このため，ミドルマネジャーが上司から支援を受けている場合は，ミドルマネジャーは部下との関係が良好となり，企業が WLB 施策を実施することに伴う弊害を低く見積もるとともに，部下が WLB 支援制度を利用することを容認するようになると考えられる。

　以上より，ミドルマネジャーが上司から支援を受ける場合に関する仮説を示す。

仮説 2a　上司から支援を受けているミドルマネジャーは，部下が家庭生活を充実させることに対して寛容となる。

> **仮説 2b**　上司から支援を受けているミドルマネジャーは，部下が個人生活を充実させることに対して寛容となる。

> **仮説 2c**　上司から支援を受けているミドルマネジャーは，企業がWLB施策を実施することに伴う弊害を低く見積もる。

4.3.4　媒介仮説

WLB施策の実施に伴う弊害をどの程度であると予測するかについても，部下がWLBを充実させることに対するミドルマネジャーの寛容度に影響をもたらすと考えられる。坂爪 (2009) は，管理職のWLBに対する評価が部下のWLB支援に対する行動に影響を与えることを示している。そこで，企業がWLB施策を実施することに伴う弊害が生じないとミドルマネジャーが予想する場合は，家庭生活および個人生活に関連するWLB支援制度を部下が利用することに対してミドルマネジャーは寛容となると予想される。

以上より，ミドルマネジャーのWLB施策の実施に伴う弊害の予測に関する仮説を示す。

> **仮説 3a**　企業がWLB施策を実施することに伴う弊害を予想しないミドルマネジャーは，部下が家庭生活を充実させることに対して寛容となる。

> **仮説 3b**　企業がWLB施策を実施することに伴う弊害を予想しないミドルマネジャーは，部下が個人生活を充実させることに対して寛容となる。

仮説1から3に基づき，本章では，WLB施策実施に伴う弊害をミドルマ

第4章　ミドルマネジャーの寛容度

ネジャーがどの程度見積もるかについては，ミドルマネジャーのリソースと，部下がライフを充実させることに対する寛容度との間を媒介するものと捉える。担当職務の自由度の上昇や上司からの支援によりミドルマネジャーのリソースが高まり，ミドルマネジャーに心理的な余裕が生じると考えられる。その結果，企業がWLB施策を実施することに伴う弊害をミドルマネジャーは低く見積もるようになると考えられる。こうした弊害を低く見積もることで，ミドルマネジャーは部下がWLB支援制度を利用することに対する心理的な抵抗感も和らぐため，部下がWLB支援制度を利用することを容認するようになると考えられる。なお，本章では，独立変数であるリソースは担当職務の自由度と上司からの支援の2つに分けた。また，従属変数のWLB支援の目的については家庭生活の充実と個人生活の充実の2つに分けた。これに基づき以下の4つの仮説が導き出される。

仮説 4a　WLB施策の実施に伴う弊害の予測度合いは，ミドルマネジャーの担当職務の自由度と，部下が家庭生活を充実させることに対するミドルマネジャーの寛容度との間を媒介する。

仮説 4b　WLB施策の実施に伴う弊害の予測度合いは，ミドルマネジャーの担当職務の自由度と，部下が個人生活を充実させることに対するミドルマネジャーの寛容度との間を媒介する。

仮説 4c　WLB施策の実施に伴う弊害の予測度合いは，ミドルマネジャーの上司からの支援と，部下が家庭生活を充実させることに対するミドルマネジャーの寛容度との間を媒介する。

仮説 4d　WLB施策の実施に伴う弊害の予測度合いは，ミドルマネジャーの上司からの支援と，部下が個人生活を充実させることに対するミドルマネジャーの寛容度との間を媒介する。

4.4 調査方法

4.4.1 分析データ

本章における分析のため，東京大学社会科学研究所付属社会調査・データアーカイブ研究センター SSJ データアーカイブから「ワーク・ライフ・バランスに関する調査（連合総合生活開発研究所）」の個票データの提供を受けた。この調査は，20代から50代までの民間企業に勤める正社員2,230名を対象としたインターネットによる2008年の調査である[2]。この調査では「平成14年就業構造基本調査」の20代から50代までの正社員の性・年齢階級・従業者規模別の分布をもとにサンプルの割付基準を作成している。そのうえで，インターネット業者のモニターの中から2,230名を抽出している。なお，調査の分析にあたって，サンプルから，調査の中で「上司がいない」と回答した者と職位について「取締役」と回答した者を除いた結果，本調査のサンプル総数は1,483名となった。

今回のサンプル1,483名の業種については，製造業449名（30.3%），サービス業300名（20.2%），その他194名（13.1%），建設業157名（10.6%），卸売業・小売業，飲食店158名（10.7%），運輸・通信業104名（7.0%），金融・保険業，不動産業97名（6.5%），電気・ガス・熱供給・水道業24名（1.6%）であり，製造業およびサービス業の割合が高い。また，サンプルが所属する企業の社員数は，29人以下271名（18.3%），30〜99人286名（19.3%），100〜299人288名（19.4%），300〜499人98名（6.6%），500〜999人128名（8.6%），1,000〜2,999人146名（9.8%），3,000人以上266名（17.9%）となっている。

---

[2] この調査を用いた論文には，連合総合生活開発研究所（2009）（武石（2009）も含む）および安田（2012）がある。

4.4.2　従属変数および媒介変数

　分析に用いた1つ目の従属変数は、部下がWLB支援制度を利用することに対するミドルマネジャーの寛容度である[3]。先述のとおり、WLB支援の目的は、家庭生活の充実と、個人生活の充実に分かれるものと考える。質問は、職場の部下（正社員）が特定の申し出をしてきた場合の上司の受け止め方について尋ねるもので、申し出をする部下が平均よりも優秀な場合と、能力が劣る場合に分けている。家庭生活の充実に関する申し出については、①1年間の育児休業制度の利用、②親の介護のための3ヶ月の介護休業、③育児のために1日の労働時間を2時間短縮する短時間勤務制度を2年間利用の3つである（表4-1の項目内容2）。一方、個人生活の充実に関する申し出は、①通学のため毎週2日定時退社、②地域活動のために毎週2日定時退社、③趣味の音楽活動のため毎週2日定時退社の3つである（表4-1の項目内容1）。これらの申し出を受けた場合の受け止め方について「1 まったく問題ないと思う」から「4 容認できない」の4段階のリッカート尺度で質問している。筆者は回答を反転したうえで単純加算しており、合計の点数が高いほど好意的に受け止めていることを示している。

　別の従属変数および媒介変数は、WLB施策の実施に伴う弊害の予測である。本調査の質問票では「企業が仕事と生活の調和を図るために様々な施策を実施することに関して意見を聞かせてください」、という前置きをしたうえで、「企業にとっての負担が大きい」など3項目について「1 当てはまる」から「4 当てはまらない」の4段階のリッカート尺度で質問している（表4-1の項目内容4）。筆者は回答を反転したうえで単純加算しており、合計の点数が高いほど、WLB施策の実施に伴う弊害を高く見積もることを示している。

[3) 本調査を用いた武石（2009）は、「（平均よりも優秀な部下の）WLBに関する寛容度」という用語を用いている。

4.4 調査方法

4.4.3 独立変数

本分析での独立変数は,担当職務の自由度と,ミドルマネジャーの上司からの支援である。本調査の質問票では,担当職務の自由度については「仕事の手順を自分で決めることができる」など2項目についての質問を用いた(表4-1の項目内容5)。また,本調査における上司からの支援については,「あなたの上司はあなたの業務がうまく進むように支援してくれる」など3項目による質問を用いた(表4-1の項目内容3)。いずれも「1 当てはまる」から「4 当てはまらない」の4段階のリッカート尺度で質問している[4]。これらの回答を反転したうえで単純加算した。合計の点数が高いほど,担当職務の自由度や上司からの仕事の支援度が高いことを示している。

4.4.4 統制変数

統制変数として,性別,子供の有無,職位(一般および係長・主任クラスと,課長および部長の2段階),業種(製造業,その他),会社規模(29人未満,30人以上300人未満,300人以上),柔軟な勤務時間かどうか(フレックスタイム,短時間勤務など),家庭生活の満足度(2段階)を用いた[5]。

---

4) 調査票では,上司からの支援にかかる質問には「5 上司(部下)はいない」という回答項目があるが,先述のとおりこの回答を選んだ者についてはサンプルから除外している。

5) 本章では,柔軟な勤務時間制度の恩恵を受けているミドルマネジャーは,部下がWLBを充実させることに対して寛容となると考え,柔軟な勤務時間かどうかを統制変数として投入した。また,家庭生活の満足度が高いミドルマネジャーは,部下がWLBを充実させることに対して寛容となると考え,家庭生活の満足度についても統制変数として投入した。一方,個人生活の満足度については調査項目にはなかったため,統制変数として投入していない。

第4章 ミドルマネジャーの寛容度

4.5 結果

4.5.1 因子分析および信頼性分析の結果

本章で用いた変数の弁別妥当性を確認するため，以下のとおり pcf 法およびプロマックス回転による因子分析を行った。表4−1には，プロマックス回転後の各質問項目を示す。

仮説の検証に用いる担当職務の自由度，上司からの支援，WLB 施策の実施に伴う弊害の予測，家庭生活の充実に対する寛容度および個人生活の充実に対する寛容度についての質問項目については，固有値1.0以上を基準として5因子が抽出され，全分散の約74%を説明した。第1因子は個人生活の充実に対する寛容度（6項目，$\alpha = .925$），第2因子は家庭生活の充実に対する寛容度（6項目，$\alpha = .909$），第3因子は上司からの支援（3項目，$\alpha = .869$），第4因子は WLB 施策の実施に伴う弊害の予測（2項目，$\alpha = .725$），第5因子は担当職務の自由度（2項目，$\alpha = .710$）であり，想定していた解釈が可能となった。測定尺度の弁別妥当性および信頼性に問題がないと判断されたため，それぞれの項目を単純加算し尺度化することとした。

表4−2には，使用変数の平均，標準偏差，最小値，最大値および相関行列を示す。担当職務の自由度との関連においては，個人生活の充実に対する寛容度と有意な正の相関が認められることから，仮説1bと整合的である。上司からの支援との関連においては，家庭生活の充実に対する寛容度と有意な正の相関，WLB 施策の実施に伴う弊害の予測と有意な負の相関が認められることから，仮説2aおよび2cと整合的である。WLB 施策の実施に伴う弊害の予測との関連においては，家庭生活の充実に対する寛容度と個人生活の充実に対する寛容度と有意な負の相関が認められることから，仮説3aおよび3bと整合的である。

4.5 結果

表 4-1 因子分析の結果

項目内容	1	2	3	4	5
1. 個人生活の充実に対する寛容度 （α=.925）					
（平均より優秀な部下の申し出）学校に通学するために毎週 2 日定時退社をする（残業できない）ことに対する寛容度	**.774**	.088	.002	.016	.050
（平均より優秀な部下の申し出）地域活動をするために毎週 2 日定時退社をする（残業できない）ことに対する寛容度	**.853**	.016	.007	.017	.026
（平均より優秀な部下の申し出）趣味の音楽活動をするために毎週 2 日定時退社をする（残業ができない）ことに対する寛容度	**.874**	-.070	-.015	-.009	-.025
（平均より劣る部下の申し出）学校に通学するために毎週 2 日定時退社をする（残業できない）ことに対する寛容度	**.805**	.088	.017	-.011	.010
（平均より劣る部下の申し出）地域活動をするために毎週 2 日定時退社をする（残業できない）ことに対する寛容度	**.895**	.020	.009	.006	-.013
（平均より劣る部下の申し出）趣味の音楽活動をするために毎週 2 日定時退社をする（残業ができない）ことに対する寛容度	**.895**	-.088	-.036	-.016	-.015
2. 家庭生活の充実に対する寛容度 （α=.909）					
（優秀な部下の申し出）1 年間の育児休業制度の利用をすることに対する寛容度	-.137	**.892**	-.025	.008	.013
（優秀な部下の申し出）親の介護のために 3 ヶ月の介護休業を利用することに対する寛容度	-.078	**.877**	-.006	.017	.023
（優秀な部下の申し出）育児のために 1 日の労働時間を 2 時間短縮する短時間勤務制度を 2 年間利用することに対する寛容度	.114	**.746**	.011	-.002	.021
（平均より劣る部下の申し出）1 年間の育児休業制度の利用をすることに対する寛容度	.001	**.857**	-.003	-.026	-.012
（平均より劣る部下の申し出）親の介護のために 3 ヶ月の介護休業を利用することに対する寛容度	.059	**.829**	.005	.009	-.015
（平均より劣る部下の申し出）育児のために 1 日の労働時間を 2 時間短縮する短時間勤務制度を 2 年間利用することに対する寛容度	.243	**.691**	.022	-.012	-.052
3. 上司からの支援 （α=.869）					
あなたの上司はあなたの業務がうまく進むように支援してくれる	-.014	-.009	**.923**	.001	.001
あなたの上司とあなたはコミュニケーションがとれている	-.050	.033	**.872**	-.024	.054
あなたの上司はあなたの業務の面倒を最後までみる	.055	-.032	**.854**	.023	-.055
4. WLB 施策の弊害予測 （α=.725）					
企業が WLB 施策を実施することは職場で従業員間に不公平が生じる	-.019	.050	-.021	**.887**	-.003
企業が WLB 施策を実施することは制度を利用する人の甘えがでてくる	.019	-.052	.019	**.883**	.003
5. 担当職務の自由度 （α=.710）					
仕事の手順を自分で決めることができる	-.007	.008	-.000	.003	**.888**
仕事の量を自分で決めることができる	.020	-.016	.006	-.003	**.876**

表4−2 使用変数の平均,標準偏差,最小値,最大値,相関係数

		平均	標準偏差	最小値	最大値	1	2
1	性差(女性=1)	0.25	0.43	0.00	1.00		
2	子供の有無(有=1)	0.51	0.50	0.00	1.00	**-.221****	
3	役職(高=1)	0.26	0.44	0.00	1.00	**-.228****	**.263****
4	会社規模(30〜299人)	0.39	0.49	0.00	1.00	.010	.003
5	会社規模(300人〜)	0.43	0.50	0.00	1.00	-.012	-.012
6	柔軟な勤務時間	0.27	0.44	0.00	1.00	-.032	-.018
7	家庭生活への満足度	0.71	0.45	0.00	1.00	.033	**.123****
8	担当職務の自由度	6.00	1.53	2.00	8.00	.013	**.077****
9	上司からの支援	7.13	2.41	3.00	12.00	.037	-.036
10	WLB施策の弊害予測	5.25	1.38	2.00	8.00	.031	-.017
11	家庭生活の充実に対する寛容度	18.58	3.68	6.00	24.00	**.090****	-.039
12	個人生活の充実に対する寛容度	16.39	4.88	6.00	24.00	**-.061***	.035

N = 1,483. $^{**}p < .01$, $^{*}p < .05$

4.5.2 仮説の検証

本章の仮説を検証するため,階層的重回帰分析を行った。すべてのモデルには,統制変数として性別,子供の有無,職位,業種,会社規模,柔軟な勤務時間かどうか,家庭生活の満足度が投入されている。

仮説1から仮説3の検証のために行った分析結果を,表4−3のモデル1〜4および6〜12に示す。階層的重回帰分析の第1ステップでは,統制変数のみを重回帰式に投入し(モデル1, 6, 10),第2ステップで担当職務の自由度(モデル2, 7, 11),上司の支援(モデル3, 8, 12),WLB施策の実施に伴う弊害の予測(モデル4, 9)を投入した。

まず,仮説1で示される担当職務の自由度の効果については,個人生活の充実に対する寛容度を従属変数とした場合において有意な正の効果が確認され($\beta = .110$, $p < .01$),担当職務の自由度を投入したことによりモデルの予測力も有意に上昇した($\Delta R^2 = .010$, $F = 16.526$, $p < .01$)(モデル7)が,家庭生活の充実に対する寛容度およびWLB施策の実施に伴う弊害予測を従属変数とした場合には有意とならなかった(モデル2, 11)ことから,仮

4.5 結果

3	4	5	6	7	8	9	10	11
.011								
-.022	-.691**							
-.038	-.116**	.191**						
.074**	-.090**	.106**	.014					
.250**	-.005	-.076**	-.102**	.121**				
.001	-.067*	.061*	.018	.165**	.137**			
-.081**	.028	.003	.022	-.054*	.010	-.090**		
-.042	-.032	.153**	.115**	.073**	.005	.077**	-.111**	
.031	-.054*	.092**	.069**	.055*	.097**	.036	-.124**	.457**

説1bは支持されたが仮説1aおよび1cは支持されなかった。

仮説2で示される上司からの支援の効果については,家庭生活の充実に対する寛容度を従属変数とした場合に有意な正の効果が確認され ($\beta = .059$, $p < .05$),上司からの支援を投入したことによりモデルの予測力も有意に上昇した ($\Delta R^2 = .003$, $F = 5.345$, $p < .05$)(モデル3)。また,上司からの支援の効果については,WLB施策の実施に伴う弊害予測を従属変数とした場合には有意の負の効果が確認され ($\beta = -.084$, $p < .01$),上司からの支援を投入したことによりモデルの予測力も有意に上昇した ($\Delta R^2 = .007$, $F = 10.123$, $p < .01$)(モデル12)。その一方で,個人生活の充実に対する寛容度を従属変数とした場合には有意とならなかった(モデル8)ことから,仮説2aおよび2cは支持されたが,仮説2bは支持されなかった。

次に,仮説3aおよび3bで示されるWLB施策の実施に伴う弊害予測の効果については,家庭生活および個人生活の充実に対する寛容度を従属変数とした場合のいずれにおいても有意の負の効果が確認され(それぞれ,$\beta = -.120$, $p < .01$; $\beta = -.120$, $p < .01$),WLB施策の実施に伴う弊害予測を投

表4-3 階層的重回帰分析の結果

従属変数	家庭生活の充実に対する寛容度				
	モデル1	モデル2	モデル3	モデル4	モデル5
性別（女性=1）	.084**	.082**	.083**	.087**	.085**
子供の有無（有=1）	-.020	-.021	-.017	-.019	-.016
役職（高=1）	-.015	-.023	-.015	-.024	-.024
会社規模（30～299人）	.140**	.140**	.140**	.150**	.150**
会社規模（300人～）	.230**	.230**	.230**	.230**	.230**
柔軟な勤務時間	.089**	.092**	.089**	.091**	.091**
家庭生活の満足度	.061*	.057*	.051	.055*	.047
担当職務の自由度		.032			
上司からの支援			.059*		.050
WLB施策の弊害予測				-.120**	-.120**
Observation	1,483	1,483	1,483	1,483	1,483
R^2	.054	.055	.057	.068	.070
ΔR^2		.001	.003	.014	.016
ΔR^2のF値		1.411	5.345*	22.364**	13.091**

N = 1,483　**$p < .01$, *$p < .05$

入したことによりモデルの予測力も有意に上昇した（$\Delta R^2 = .014$, $F = 22.364$, $p < .01$; $\Delta R^2 = .014$, $F = 22.363$, $p < .01$）（モデル4, 9）ことから，仮説3a, 3bともに支持された。

次に仮説4a～4dを検証するために実施した階層的重回帰分析の結果を表4-3のモデル1～12に示す。階層的重回帰分析の第1ステップでは，統制変数のみを重回帰式に投入し（モデル1, 6, 10），第2ステップで担当職務の自由度（モデル2, 7, 11），上司からの支援（モデル3, 8, 12），WLB施策の実施に伴う弊害予測（モデル4, 9），上司からの支援およびWLB施策の実施に伴う弊害予測（モデル5）を投入した。

仮説4の検証については，Baron and Kenny（1986）の媒介分析の枠組みを用いた。Baron and Kenny（1986）は，媒介効果が支持されるための条件として，以下の4つを挙げている。独立変数と従属変数が有意に関連している（条件1），独立変数と媒介変数が有意に関連している（条件2），媒介変数と

	個人生活の充実に対する寛容度				WLB 施策の弊害予測		
	モデル 6	モデル 7	モデル 8	モデル 9	モデル 10	モデル 11	モデル 12
	-.053*	-.060*	-.054*	-.051	.019	.016	.021
	.015	.014	.017	.017	.014	.013	.009
	.015	-.012	.015	.006	-.075**	-.086**	-.074**
	.018	.029	.019	.025	.055	.059	.051
	.089*	.100**	.089*	.094**	.042	.047	.043
	.053*	.061*	.052*	.055*	.019	.022	.020
	.045	.033	.040	.039	-.051	-.055*	-.037
		.110**				.043	
			.027				-.084**
				-.120**			
	1,483	1,483	1,483	1,483	1,483	1,483	1,483
	.018	.028	.018	.032	.011	.013	.018
		.010	.000	.014		.002	.007
		16.526**	1.068	22.363**		2.477	10.123**

従属変数が有意に関連している(条件 3),媒介変数と独立変数を同時に回帰式に投入すると,独立変数は有意とならないか(完全媒介),関連性が弱くなる(部分媒介)(条件 4)である。

条件 1 について,仮説 1b は支持されており,担当職務の自由度は個人生活の充実に対する寛容度に有意の正の効果をもたらしたことから,仮説 4b について条件 1 は支持された。また,仮説 2a は支持されており,上司からの支援は家庭生活の充実に対する寛容度に正の効果をもたらしたことから,仮説 4c について条件 1 は支持された。一方,仮説 1a は支持されず,担当職務の自由度は家庭生活の充実に対する寛容度に影響を与えなかったことから,仮説 4a について条件 1 は支持されなかった。また,仮説 2b は支持されず,上司からの支援は個人生活の充実に対する寛容度に影響を与えなかったことから,仮説 4d について条件 1 は支持されなかった。

条件 2 については,仮説 2c は支持されており,上司からの支援は WLB

施策の実施に伴う弊害予測に有意の負の効果をもたらしたことから,仮説4cについて条件2は支持された。一方,仮説1cは支持されず,担当職務の自由度はWLB施策の実施に伴う弊害予測に影響を与えなかったことから,仮説4bについて条件2は支持されなかった。

条件3については,仮説3aは支持されており,WLB施策の実施に伴う弊害予測は家庭生活の充実に対する寛容度に有意の負の効果を与えることから,仮説4cについて条件3は支持された。

次に,条件4について検証する。モデル4c(独立変数:上司の支援,従属変数:家庭生活の充実に対する寛容度,媒介変数:WLB施策の実施に伴う弊害予測)については,家庭生活の充実に対する寛容度を従属変数とする場合,上司からの支援とWLB施策の実施に伴う弊害予測を同時投入したところ,上司からの支援は有意でなくなったが,WLB施策の実施に伴う弊害予測については有意の負の効果をもたらし($\beta = -.120$, $p < .01$),モデルの予測力も有意に上昇した($\Delta R^2 = .016$, $F = 13.091$, $p < .01$)(モデル5)。これらのことから,仮説4cについて条件4は支持された。以上より,仮説4cについては支持された。

なお,検証された媒介効果を再確認する目的で,ソベル検定(Sobel, 1982)を行った(MacKinnon, Lockwood, Hoffman, et al., 2002)。その結果,上司からの支援から家庭生活の充実の寛容度に対する,WLB施策の実施に伴う弊害予測を通じた間接効果については,有意となり($z = 2.634$, $p < .01$),媒介効果が確認された。以上の分析結果より,仮説4cは支持されたが,仮説4a,4b,4dは支持されなかった。

以下の表4-4と図4-2には,仮説1から仮説4までの仮説検証の結果をまとめる。

4.5 結果

表4-4 仮説1〜4の結果

仮説	独立変数(A)	媒介変数(B)	従属変数(C)	結果	モデル	条件1 A→C 仮説	条件2 A→B 仮説	条件3 B→C 仮説	条件4 同時投入 A,B モデル
1a	担当職務の自由度	—	家庭生活の充実に対する寛容度	×	2				
1b	担当職務の自由度	—	個人生活の充実に対する寛容度	○	7				
1c	担当職務の自由度	—	WLB施策の弊害予測	×	11				
2a	上司からの支援	—	家庭生活の充実に対する寛容度	○	3				
2b	上司からの支援	—	個人生活の充実に対する寛容度	×	8				
2c	上司からの支援	—	WLB施策の弊害予測	○	12				
3a	WLB施策の弊害予測	—	家庭生活の充実に対する寛容度	○	4				
3b	WLB施策の弊害予測	—	個人生活の充実に対する寛容度	○	9				
4a	担当職務の自由度	WLB施策の弊害予測	家庭生活の充実に対する寛容度			× 1a	—	—	—
4b	担当職務の自由度	WLB施策の弊害予測	個人生活の充実に対する寛容度			○ 1b	× 1c	—	—
4c	上司からの支援	WLB施策の弊害予測	家庭生活の充実に対する寛容度			○ 2a	○ 2c	○ 3a	○ 5
4d	上司からの支援	WLB施策の弊害予測	個人生活の充実に対する寛容度			× 2b	—	—	—

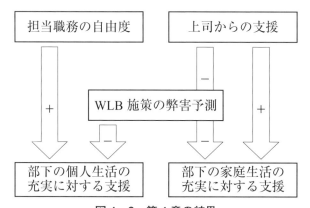

図4-2 第4章の結果

4.6 小括

　従業員の WLB を充実させるために上司の役割が重要であることが示されていることから，本章では，上司と部下に挟まれたミドルマネジャーの職場環境と，WLB 施策の実施に伴う弊害の予測および部下がライフを充実させることに対する寛容度との関連性について調査を行った。その際，職務ストレスモデルである JD-R モデルを参考に，ミドルマネジャーのリソースが，どのように部下が WLB 支援制度を利用することに対する寛容度に影響するかについて調査を行った。ミドルマネジャーはもともと仕事の要求度が高く，予想外の追加的な業務を負担する余裕がほとんどないものと予想される。そのため，ミドルマネジャーは，WLB 施策に対して否定的に評価するとともに，部下が WLB を充実させることに対して寛容となりづらいと考えた。一方で，リソースが高まることにより，ミドルマネジャーは WLB 施策の実施に伴う弊害を低く予測するとともに，部下が WLB 支援制度を利用することに対して寛容となると予想した。また，リソースについては，ミドルマネジャーの担当職務の自由度とミドルマネジャーが彼（彼女）の上司から支援を受けている場合に分類し，ライフの充実については，家庭生活の充実と個人生活の充実に分類したうえで調査を行った。

　これらの調査結果から，1) 担当職務の自由度が高いミドルマネジャーは，部下が個人生活を充実させることに対して寛容となること，2) 上司から仕事の支援を受けているミドルマネジャーは，部下が家庭生活を充実させることに対して寛容となること，3) 上司から仕事の支援を受けているミドルマネジャーは，WLB 施策の実施に伴う弊害を低く見積もり，部下が家庭生活を充実させることに対して寛容となることが明らかになった。このようにミドルマネジャーの寛容度を高めるのに必要なリソースについては，部下が充実させようとするライフが家庭生活と個人生活のいずれかに

4.6 小括

よって異なる結果が示された。その理由は，資源保存理論のリソースは，その人が重い価値を置いているものであり（Hobfoll, 1989），部下がどのようなライフを充実しようとするかによって，ミドルマネジャーにとって必要なリソースが異なるためであると考える。以下，詳細に検討する。

　まず，担当職務の自由度が高いミドルマネジャーは，部下が個人生活を充実させることに対して寛容となるものの，部下が家庭生活を充実させることに対する寛容度には影響が示されなかった。これは，部下が個人生活を充実させることについて，組織内の従業員にとっては，必要性の認識が低いためであると考えられる。個人生活の充実は，法律で規定されていないことなど社会や職場全体での理解度も低いため，ミドルマネジャーの上司からの業務支援を期待できず，自身で部下の仕事をカバーする必要が生じる[6]。このため，担当職務の自由度が低く，自身で仕事の手順を変えられないのであれば，ミドルマネジャーは，部下が個人生活を充実させることに対して寛容とならない。逆に言えば，個人生活を充実させることに対して寛容であるかどうかについてはミドルマネジャーの担当職務の自由度の高さに影響を受ける。

　次に，上司から仕事の支援を受けているミドルマネジャーは，部下が家庭生活を充実させることに対して寛容となるとともに，WLB施策の実施に伴う弊害を低く見積もることが示された。これは，育児，介護などの家庭生活を充実させることについては，法律で規定されており，組織内でも必要性が認知されているためであると予想される。そのため，ミドルマネジャーの上司は，ミドルマネジャーの部下が育児休暇等を取得したことにより生じる追加の業務負担をフォローしやすいと予想される。また，上司

---

[6] ミドルマネジャーは部下を査定する立場であると同時に，上司から査定を受ける立場でもある。もし，部下が（趣味のためにしばらく休暇取得など）個人生活を充実しようとして，ミドルマネジャーが上司に仕事を支援するよう訴えると，ミドルマネジャー自身の管理能力を疑問視される可能性がある。このため，ミドルマネジャーは上司からの支援は期待できないので，個人生活を充実しようとすることにより生じる業務負担を，自身や業務改善によりカバーできるかまず考慮すると考えられる。

第4章 ミドルマネジャーの寛容度

から仕事の支援を受けることにより，ミドルマネジャー自身がWLB施策の実施に伴う弊害を低く見積もることについては，ミドルマネジャー自身が積極的に仕事に取り組むだけでなく，ミドルマネジャーは部下との関係性も良好となり，心理的な余裕が生じるためと考えられる。

さらに，媒介仮説では，上司から仕事の支援を受けているミドルマネジャーはWLB施策の実施に伴う弊害を低く見積もり，部下が家庭生活を充実させることに対して寛容となることが示された。これは，上司から仕事の支援を受けることにより，仕事の遂行が円滑になり，ストレスの軽減と精神的な余裕が生じることにつながることが影響しているだろう。一方，ミドルマネジャーの担当職務の自由度は，WLB施策の実施に伴う弊害に対する予測に影響を与えなかった。これは，ミドルマネジャーは担当職務の自由度が高まりモチベーションが高まるものの，ストレスはそれほど軽減せず，WLB施策の実施に伴う弊害の予測度合いに影響をもたらさないためと考えられる。

また，家庭生活と個人生活の場合では，従業員の業務に与える負担度が異なるため，寛容度を高めるためのリソースが異なっていることも考えられる。家庭生活のうち，育児休暇や介護休暇については職場の従業員にとって長期にわたる職場への業務負担増加が見込まれる。特に，介護については，何年間続くか予測できず，従業員は今後の業務への影響度合いを見積もることすら難しい。このため，家庭生活を充実しようとする従業員が職場で出現することは，周囲の従業員のリソースが大きく減少することにもつながる。一方，個人生活については，家庭生活に比べると，周囲の従業員に影響を与える度合いが少ないため，リソースがそれほど減少しない。こうした職場への影響度合いが異なるため，家庭生活を充実しようとする従業員が出現した際，上司からのサポートなしではリソースの減少を補えないという結果が示される一方，個人生活の充実に対する寛容度については，ミドルマネジャーが保有しているリソースだけでリソースの減少を補うことができると期待されるため，本章の結果が生じたと解釈するこ

4.6 小括

とができる。

　本章の結果において特筆すべき点は，リソースが高いミドルマネジャーは部下が WLB 支援制度を利用することに対して寛容となるものの，リソースの種類およびその高さにより，容認する WLB の内容が異なることが示された点である。これまでの研究では，従業員が WLB 支援制度を利用しやすい環境の整備のために，職場の管理職が中心となって仕事管理や時間管理を徹底する重要性がしばしば指摘されてきた（e.g., 佐藤・武石, 2010, 佐藤ほか, 2015）。本章では，職務自由度の高さは，部下が個人生活を充実させることに対するミドルマネジャーの寛容度に結びつく一方で，上司からの支援は，部下が家庭生活を充実させることに対するミドルマネジャーの寛容度に結びつくということを示した。そこで，従業員が WLB を実現するためには，ミドルマネジャーの職場環境と，従業員が充実することを望むライフとが適合しているかについても配慮が必要であることを示した。

　また，本章の結果は，既存研究における知見を拡張するものとなった。武石（2008）は，育児休暇制度がある企業と，育児休暇制度に加えて大学院・ボランティアなどの WLB 支援制度がある企業では，従業員のモチベーションの高さによる違いがなかった。本章では，家庭生活と個人生活では，部下がライフを充実させることに対して上司が寛容となるための職場要因が異なる結果となった。また，坂爪（2009）では，WLB に対して否定的な評価をしない上司は，職場内に短時間勤務制度の利用者が出現した場合でも積極的に職場の問題に対処することが示されたが，本章では，上司は仕事の支援を受けることにより，WLB 施策の実施に伴う弊害を低く見積もり，部下が家庭生活を充実させることに対して寛容となることが示された。一方，小倉（2013）は，管理職および非管理職ともに，従業員の業務の裁量度合いが長時間労働の防止にもつながることを示しており，担当職務の自由度の高い従業員は，部下の個人生活の充実を支援するという本章の結果と一致している。

第4章　ミドルマネジャーの寛容度

　次に，本章は，上司のリソースが，部下のWLB充実に与える影響を調査するにあたり，JD-Rモデルを援用した。その理由は，ミドルマネジャーは多忙であるため職務ストレスモデルを用いたこと，JD-Rモデルは，本書で用いている資源保存理論のリソースの概念を取り入れたモデルであり，リソースを広く捉えているためである。これまでのJD-Rモデルを用いたWLB研究では，従業員本人についての調査が多く，上司などの他人についてJD-Rモデルを用いた調査は見当たらなかった。ミドルマネジャー自身のリソースが高ければ，部下がライフを充実させることに対して応援するようになり，従業員のWLBの実現につながる。このためミドルマネジャーのリソースについて調査する意義があり，本章ではJD-Rモデルを用いた。今後も，部下がライフを充実させることについて上司が寛容となるための条件について，JD-Rモデルを用いた研究を蓄積していくことが望まれる。

　さらに，今回の仮説には含めていないが，女性のミドルマネジャーの場合，部下が家庭生活を充実させることに対して男性よりも寛容となるものの，個人生活を充実させることに対する寛容度については特に男女間での違いが認められなかった。この結果は，女性の上司は柔軟な労働の申し出を認める傾向があることを示すPowell and Mainiero（1999）の結果と整合的である。部下が家庭生活を充実させることについて，女性の上司の方が寛容である理由については，女性は男性と比べて育児休暇の取得率が高いため，家庭生活に関するWLB支援制度を部下が利用することについて理解を示すと考えられる。一方で，部下が個人生活を充実させることに対する寛容度については，男女間で必要性の認識にそれほど差がないことを示した。

　なお，本章では家庭生活と個人生活の充実への寛容度についてシナリオを提示し，回答者の反応を計測しているが，その文言のために結果の違いが生じている可能性もある。今回用いた質問紙調査において，家庭生活と個人生活に関する質問項目では，仕事にもたらす影響度合いが大きく異

4.6 小括

なっている。表4-1に示すとおり，家庭生活の充実への寛容度については，1年や3ヶ月など長期間職場に影響を与えるものとなっている。一方，個人生活については，週に2回定時退社するという，職場に影響を与える度合いが少ないものである。シナリオの文言も踏まえたうえで，本研究結果を慎重に解釈をする必要があるが，既述のとおり，家庭生活の充実と個人生活の充実では，職場への業務負担の影響は実際に異なり，ミドルマネジャーの寛容度を高めるリソースも異なるため，本章の結果は，今回のシナリオの文言よりも職場に影響を与える期間に差がない場合でも適用できるものと考える。

　第4章ではWLB支援制度の利用者の上司に焦点を当てて，部下のWLB支援制度の利用の寛容度にもたらす要因について研究した。続く第5章では，同じくWLB支援制度の利用者をとりまく周囲の従業員のうち，同僚従業員に焦点を当てて，WLB支援制度利用者を支援するための要因を探る。

第5章
同僚従業員の業務負担予測と寛容度

第4章では，WLB 支援制度利用者の周りにいる従業員のうち，ミドルマネジャーに焦点を当てた。調査の結果，上司から支援を受けているミドルマネジャーは，部下の家庭生活を充実させることに寛容となること，担当職務の自由度が高いミドルマネジャーは，部下の個人生活を充実させることに寛容となることを示した。第5章および第6章では，同僚従業員に焦点を当てて研究を行う。

第5章では，WLB 支援制度の恩恵を直接には受けない同僚従業員に焦点を当てて，地方公務員を対象に実証研究を行う。職場内で WLB 支援制度の利用者が出現することで，周りにいる同僚従業員は，制度利用者が本来担当している業務を行う必要が生じる。本章では，第4章で研究を行った寛容度に加えて，WLB 支援制度利用者の出現に伴い，業務負担が増加すると予測する度合いにも焦点を当てる。そのうえで，これらの要因に影響をもたらす職場要因を探っていく。

5.1 本章の目的

WLB 支援制度は，従業員の仕事と仕事以外の生活との両立を支援することによって，彼らの仕事への意欲を高い水準に維持し，職業能力を発揮させ，職場の生産性を高める（今野・佐藤，2009）。ただ，企業などの組織が WLB 支援制度を充実しても，組織内のすべての従業員が恩恵を受けるわけではなく，逆に制度利用者の同僚従業員にとっては負担の増加につながる場合もある。WLB はもともと対象を限定した取り組みから始まり，残業時間の削減などに対象を拡大してきた経緯があり，今でも WLB 支援の中心となっているのは育児休暇などの両立支援制度である（坂爪，2012）。

特に，育児休暇や介護休暇などの WLB 支援制度を利用することが，同僚従業員の仕事の負担や，仕事の調整にかかるコストを増加させている可能性が指摘されている（佐藤・武石 2010；守島，2010b；坂爪，2012）。実際に

育児休業取得者が出現すると，育児休業者の業務を誰が代替するかや，代替要員をどのように確保するかが問題となる（脇坂, 2002）。このため，WLB支援制度利用者が制度を気兼ねなく利用するにあたって，職場の上司だけでなく同僚従業員も重要な存在である。

このため，WLB支援制度の効果を高めるためには，制度の利用に伴う同僚従業員の心理を理解し，同僚従業員がWLB支援制度の利用に対して協力的になるための要因について明らかにする必要がある。WLB支援制度が利用されると業務負担が増加するため，制度の恩恵を受ける機会が少ない同僚従業員が，WLB支援制度に不満を持つとともに，制度利用者に対して敵対的態度を取ることも予想される。こうした同僚従業員の否定的な感情が和らぐと，同僚従業員がWLBの促進に理解を示して協力的になることを可能にする。また，同僚従業員の敵対的な感情が和らぐことにより，制度利用者にとってのプラス効果があるだけでなく，同僚従業員の職務態度が向上することにもつながる。このため，同僚従業員の否定的な感情が和らぐための条件について明らかにする意義があるものの，これまでWLB支援制度の恩恵を受けない従業員に焦点を当てた研究はほとんどなされてこなかった。WLB支援制度の対象となる従業員を取り巻く職場の同僚の心理状態に着目し，そこからWLB支援制度の利用を促進する職場風土の醸成につながると予想される要因を実証的に解明していくことが必要である。

5.2 同僚従業員の態度

本章では，WLB支援制度を利用しづらいことにつながる要因として，直接的には恩恵を受けない同僚従業員の存在に焦点を当てる。

WLB支援制度を利用する者が職場に出現することは，利用者の業務を肩代わりする同僚従業員の業務負担が増加することを意味しており，それ

によって同僚従業員の職務態度も悪化すると考えられる。たとえば，守島 (2010b) は WLB 支援制度の利用者の出現によって職場内のコミュニケーションが困難になると述べている。また，坂爪 (2012) は，ある特定の従業員の WLB を充実させることにより，同僚従業員の WLB が損なわれる可能性を指摘している。さらに，WLB 支援制度の利用者が行うはずの業務を同僚従業員が代行することで，仕事に対して「やらされ感」を持つようになる可能性も指摘されている（佐藤・武石，2010）。

また，WLB 支援制度を利用する従業員が出現することが同僚従業員に否定的な感情を持たせ，ひいては制度を利用しづらい雰囲気をつくっていることに結びつく。厚生労働省 (2015b) の調査で，育児・介護休業法への対応を進めて行くうえでの課題について，企業は「制度利用者の代替要員の確保が難しい」「業務内容などにより制度の利用しやすさに格差が生じる」「制度利用者の対象外となる人が負担感などを感じてしまう」の順で高い回答をしている。また，同調査では，WLB 支援制度利用者がいる職場の従業員の 5 割弱が「自身の仕事に影響がある」「自身の仕事にやや影響がある」と回答している。こうした職場では，WLB 支援制度を利用することで制度利用者は仕事の負担が軽減される一方，WLB 支援制度の恩恵を受けない同僚の従業員は逆に制度利用者の仕事をカバーしないといけないので，制度利用者に対して否定的な態度をとることになる。実際，ニッセイ基礎研究所 (2003) によれば，企業が整備した育児休業を取得しなかった理由として，男性では「自分以外に育児をする人がいたため」(57.3%) という理由が最も多いが，女性では「職場への迷惑がかかるため」(57.5%) という理由が最も多い。

そこで，本章では，WLB 支援制度利用者の同僚従業員に着目したうえで，地方自治体を対象として WLB 支援制度の利用に寛容となるようになるための条件について実証研究を行う。地方自治体を調査対象とすることについては，大きく 2 つの意義がある。第 3 章で既に述べたとおり，政府や地方自治体は，WLB 支援の手本となるために，一歩リードするような形

で推進されてきた事実とも関連している。WLB支援制度へのニーズが高い女性従業員の比率や利用者の割合も民間に比して高めである。その一方で，たとえば国家公務員でも男性のWLB支援制度利用率は低いことなど（人事院，2010），WLB支援制度の浸透が不十分な部分もある。また，行政組織には手続き主義（業務の効率化よりも業務手続きの遵守が優先される）という特徴がある（大森，2006；真渕，2009；太田，2011；桑田・田尾，1998）。このため，民間の模範となるように積極的にWLB施策の導入や女性活用を組織全体で積極的に推進する一方，制度を導入・実施することに注力しすぎて，育児責任のある職員に対する過度の配慮，同僚従業員の負担の増加という弊害を招きやすいと予想する。したがって，職場において，WLB支援制度の利用をさらに促進していくための要因を検討するのに適している。

5.3 理論および仮説

5.3.1 本章のフレームワーク

本章で用いる理論的フレームワークを図5−1に示す。既述のとおり，本章ではWLB支援制度の対象者をとりまく職場の同僚の視点から，WLB支援制度の利用を促進する職場風土の形成に関連する要因を検討する。そのような要因として，第4章と同様，職場の同僚従業員がWLB支援制度を利用することに対して寛容となる度合い（以下，「寛容度」という。），および同じ職場の従業員がWLB支援制度を利用することによって自分自身の業務負担が増えると予測する度合い（以下，「業務負担予測」という。）に焦点を当てる。前者については，WLB支援制度と利用者が生じることによる同僚の公平感情の観点や，職場環境に起因する心理的な要因が，WLB支援制度を利用することに対して寛容になれるか否かに影響を与えるという観点に立つ。後者については，従業員の職場環境要因が，WLB支援制度の利用者が生じることによって仕事上の負担が増えると認識するか否かに影響

を与えるという観点に立つ。

職場の同僚から見て，WLB 支援制度の利用者が生じることに伴う業務負担予測が高い場合および制度を利用することについての寛容度が低い場合は，WLB 支援制度を必要とする従業員が制度利用を控えるよう暗黙的な圧力をかけうるし，当該従業員に対して敵対的な態度を示すと考える。一方，同僚の WLB 支援制度利用に伴う業務負担予測が低い場合もしくは利用することについて寛容度が高い場合，WLB 支援制度の利用者が生じることによる仕事への影響があまりないことや，制度を利用しようとする従業員に対して肯定的に受け止めることから，WLB 支援を必要とする従業員が安心して制度を利用できる雰囲気づくりに寄与するだろう。これらは WLB 支援制度の利用を促進する職場風土の形成にプラスに働くと予想する。

以下，これら業務負担予測および寛容度に影響を与える要因として，職場における労働時間管理の視点，仕事が家庭生活に与えるコンフリクトの視点，職場における上司の役割という視点，および仕事そのものの特徴という視点に焦点を当てて仮説を構築する。

以下，図 5-1 に示す本章の仮説について詳細に説明する。

5.3.2 仮説
(1) 労働時間による影響

労働時間の度合いを示す残業時間の過多は，同じ職場で働く従業員が WLB 支援制度を利用することに伴う業務負担予測および寛容度に影響すると考える。まず，長時間労働が生じるのは，基本的には業務量と担当する職員の数とが釣り合っていないことによるため（原・佐藤，2008），さらなる追加の業務負担に対する心理的および物理的な余力がない。したがって，職場で WLB 支援制度の利用者が生じることを想定した場合，本人が行っている業務を職場内で再配分することに伴う業務負担予測が高まる。

また，残業時間が多く長時間労働を強いられているような従業員から見

第5章　同僚従業員の業務負担予測と寛容度

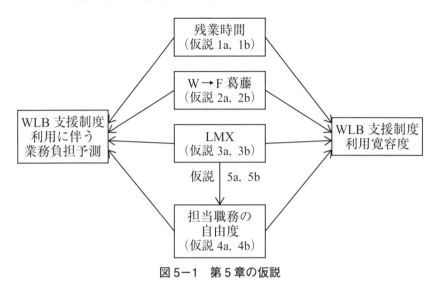

図5-1　第5章の仮説

ると，同僚がWLB支援制度を利用することによって精神的，肉体的な苦痛から解放されるのに対して，自分はこれまでどおりの労働環境のもとで働き続けることになる。このため，同僚従業員は不公平であると認識する。

これまで，WLB支援制度の利用者やWLB支援制度に対して抱く不公平感については，Adams（1965）の衡平理論によって説明されてきた（e.g., 坂爪, 2012；藤本・新城, 2007）。Adams（1965）の衡平理論によれば，仕事で得られるもの（アウトカム）を仕事に投入するもの（インプット）で割った比率を他者と比較し，この比率が他者より低い場合に不公平であると知覚する。同僚従業員は，同じ職場で働いているWLB支援制度利用者のアウトカムとインプットの比率を，自身のそれと比較するだろう。残業時間が多い職場では，アウトカムに比してインプットの量が多いため，一時的にせよインプット量が劇的に減る制度利用者との間にギャップが高まることが不公平感情につながる。よって，WLB支援制度の利用者の同僚は，制度利用者に対して肯定的になれず，寛容度の低下につながる。

また，残業時間が多い従業員は，時間というリソースが少ないためストレスが高まり心身ともに悪影響を及ぼすだろう。実際，長時間労働は仕事の負荷の増加と疲労回復の時間の減少などにより，精神的および肉体的な様々な問題を引き起こす（小林 2001；岩崎 2008）。そこで，残業時間が多い同僚はネガティブな感情に陥りやすく，制度を利用しようとする従業員に対しても寛容になれない要因となる。これまでの議論から，以下の仮説が導き出される。

> **仮説 1a** 残業時間の少ない従業員は，そうでない従業員よりも，職場でWLB支援制度の利用者が生じることに伴う業務負担を低く見積もる。

> **仮説 1b** 残業時間の少ない従業員は，そうでない従業員よりも，職場でWLB支援制度を利用することに対して寛容となる。

(2) 仕事が家庭生活にもたらすコンフリクトによる影響

仕事と家庭生活のコンフリクトを示すWFCも，同僚がWLB支援制度を利用したことに伴う業務負担予測および寛容度に影響すると考えられる。WFCは，W→F葛藤とF→W葛藤の2つに分かれる。本章では，職場環境や仕事環境がもたらす影響に焦点を絞ることから，家庭環境が主たる原因となるF→W葛藤ではなく，W→F葛藤を分析に用いる。

従業員のW→F葛藤が高いと，仕事への満足感が低下するとともに，離職意図，ストレスが高くなる（Anderson et al., 2002）。したがって，そのような状況では，追加の業務負担に対する心理的および物理的な余力がない。そこで，職場でWLB支援制度の利用者が生じることを想定した場合，W→F葛藤が高い従業員については，本人が行っている業務を職場内で再配分することに伴う業務負担増大の予測が高まると考えられる。また，W→F葛藤が高いと，職場や家庭における敵対心や罪悪感といったネガティブ

な感情を感じやすくなる (Judge, Ilies, & Scott, 2006)。そこで，同じ職場で働く従業員が WLB 支援制度の利用によって WFC を劇的に解消しうることに対しては不公平感を持ちやすく，それが制度を利用しようとする同僚に対しても寛容になれない要因となりうる。さらに，W→F 葛藤が高いとストレスも高いことから (Anderson et al. 2002)，長時間労働のケースと同様，追加の業務負担に応じるだけの時間的な余裕もない。このことから，制度利用者に対して肯定的になれず，寛容度の低下につながる。これまでの議論から，以下の仮説が導き出される。

> **仮説 2a**　W→F 葛藤が低い従業員は，そうでない従業員よりも，職場で WLB 支援制度の利用者が生じることに伴う業務負担を低く見積もる。

> **仮説 2b**　W→F 葛藤が低い従業員は，そうでない従業員よりも，職場で WLB 支援制度の利用することに対して寛容となる。

(3) 上司のマネジメントによる影響

次に，職場の上司が部下をうまくマネジメントしているかどうかが，職場の同僚が WLB 支援制度を利用しようとする場合の業務負担予測および寛容度に重要な役割を果たす。本章では，直属の上司のマネジメントの巧拙を示す1つの要素として，第4章でも述べた上司と部下との交換関係 (LMX) に注目する。LMX は，リーダーシップ研究において上司と部下との関係性に焦点を当てた概念である (Graen & Uhl-Bien, 1995a)。

職場において上司が部下をうまくマネジメントできている場合，上司と部下はお互いに信頼関係で結ばれるため，LMX が良好であると考えられる (Brower, Schoorman, & Tan, 2000)。逆に，上司が部下をうまくマネジメントできていない場合には，LMX の質が低くなると考えられる。LMX が良好である場合，困難な業務を遂行する部下の職務成果が高まることも知ら

れている（Dunegan et al., 1992）。これは，上司が部下に対して仕事管理や職務環境などについて有効な支援を行っているためと考えられる。したがって，上司とのLMXが良好な場合は，職場内でWLB支援制度の利用者が生じる場合においても，上司のマネジメント能力を信頼しており，上司からの有効な支援を期待できることから，業務負担が必要以上に増加すると考える度合いは低いであろう。逆に，上司とのLMXが良好でない場合，職場内でWLB支援制度の利用者が生じる際に上司のマネジメント能力を信頼できず，上司からの有効な支援を期待できないと考えるだろう。そのため，業務負担が増えると考える可能性が高まるだろう。

　また，LMXが高い従業員は職場におけるリソースが多いため，WLB支援制度利用者が出現してもストレスが減少して寛容度が高まることにつながる。資源保存理論に基づくと，WLB支援制度の利用者が出現することにより，同僚従業員の業務の負担が増加することなどで残業時間が増加し自由時間が減少するため，同僚従業員はストレスが増加する。一方で，Hobfoll（2001）によれば，上司との関係，上司からの仕事の支援などもリソースに含まれる。このため，LMXが高い従業員は，上司から得られるリソースを用いることによって，ストレスが減少するようになる。

　さらに，上司とのLMXが良好であれば，上司による職場のマネジメントをはじめ，全般的な職務の満足度も高い（Gerstner & Day, 1997）。また，LMXが良好な従業員は，上司から大切に扱われていると知覚し，物事を肯定的に捉えるようになると考えられる。そのため，同僚のWLB支援制度の利用についても肯定的かつ寛容となる。逆に，上司が部下との間に良好な関係を築けていない場合，部下は仕事環境全体に対しても不満を抱くなど，ネガティブな感情にも陥りやすい。その結果，制度を利用しようとする同僚に対しても寛容になれないことにもつながる。これまでの議論から，以下の仮説が導き出される。

> **仮説 3a**　上司との LMX が良好な従業員は，そうでない従業員よりも，職場で WLB 支援制度の利用者が生じることに伴う業務負担を低く見積もる。

> **仮説 3b**　上司との LMX が良好な従業員は，そうでない従業員よりも，職場で WLB 支援制度の利用に対して寛容となる。

(4) 職務特性による影響

　さらに，担当する職務の特徴も業務負担予測と寛容度に影響を与える重要な要因である。とりわけ，担当する職務の自由度が高い場合，職場において WLB 支援制度の利用者が生じることによって一時的に業務量が増えたとしても，創意工夫などを通じて業務負担を軽減できる余地が高い（藤本, 2009a；藤本・脇坂, 2008）。こうしたことから，担当する職務の自由度が高い場合，これまで一時的な業務量の増加に対応できており，将来的にも業務が一時的に増加することによる業務負担予測は低いと予測する。一方，担当する職務の自由度が低い場合には，WLB 支援制度の利用者が生じることに伴う業務量の増加は，そのまま本人の負担に直結することが予想されるため，業務負担予測は高いと予測する。

　また，職務特性理論によれば，自由度の高い仕事をしている従業員は，仕事に対する責任感が高まり，内発的に動機づけられており仕事に対する満足度も高いと考えられている（Hackman & Oldham, 1976）。このように，仕事自体に責任感，やりがいを見出している従業員は，同僚が WLB 支援制度を利用することによって業務から解放されることに対してはそれほど不公平感を抱かないと考える。逆に，職務自由度が低い場合には，仕事自体に責任感，やりがいを見出せていない可能性も高く，同僚が WLB 支援制度を利用することで，そうした仕事から解放されることに対しては不公平感を抱きやすいと考える。そのため，制度利用者に対して肯定的になれ

ず，WLB 支援制度の利用に寛容とならないことにつながる。

さらに，職務自由度が高いことによって仕事に満足している従業員は，WLB 支援制度を利用しようとする同僚に対しても寛容となりやすいが，逆に職務自由度が低いことによって仕事に不満を持っている従業員は，同僚が WLB 支援制度を利用することにより自身の業務が増加しうることにも不満を持ち，WLB 支援制度を利用しようとする同僚に対して寛容になれない可能性が考えられる。これまでの議論から，以下の仮説が導き出される。

> **仮説 4a** 担当職務の自由度が高い従業員は，そうでない従業員よりも，職場で WLB 支援制度の利用者が生じることに伴う業務負担を低く見積もる。

> **仮説 4b** 担当職務の自由度が高い従業員は，そうでない従業員よりも，職場で WLB 支援制度の利用に対して寛容となる。

仮説 3 および 4 を関連させると，担当職務の自由度が，LMX と業務負担予測や寛容度との因果関係に影響を与えると考えられる。つまり，上司との LMX が良好であれば，直接的および間接的に WLB 支援制度利用に伴う業務負担予測の低下および寛容度の高まりに結びつくと考えられる。その間接的な効果の 1 つとして，LMX の質の高さが，上司による業務の権限委譲などに伴う担当職務の自由度を高め，その結果，業務負担予測および寛容度に影響を及ぼすと考える。よって，以下のような部分的媒介関係を予測する。

> **仮説 5a** 担当職務の自由度は，上司との LMX の質と業務負担予測との関係を部分的に媒介する。

第5章　同僚従業員の業務負担予測と寛容度

> **仮説 5b**　担当職務の自由度は，上司との LMX の質と寛容度との関係を部分的に媒介する。

5.4　調査方法

5.4.1　調査対象およびサンプル

仮説を検証するため，本章では第3章で用いた地方公務員を対象としたデータを用いて分析を行った。調査の実施にあたっては，A県庁内に出向き，それぞれの部に所属する職員および地方機関（県民局および県税事務所）に所属する職員を通じて課長以下の186名に対して質問票を配布してもらった。その結果，147名からの回答を得た（回収率79%）。

5.4.2　使用変数

従属変数である業務負担予測および寛容度については，既存の尺度がなかったことから，A県の職員6名に対して行った予備的なインタビュー調査から得られた情報を参考に，業務負担予測および寛容度の指標を作成した。具体的な内容は，まず，育児休暇，職員の子育て支援休暇，育児のための短時間勤務，介護休暇の制度利用についての利用経験の質問の下に，「現在の職場で，あなたと同じ係の同僚が上記の制度を利用する場合あなたはどのように思いますか」と質問したうえで，業務負担予測は「同僚が制度を利用することにより自分の業務負担が増えると思う」など2項目（表5-1の項目内容5），寛容度については「同僚が制度を利用するのは働く者として当然の権利である」など3項目（表5-1の項目内容4）で測定した[1]。これらの質問については，1（全くあてはまらない）から7（非常にあてはまる）までの7段階のリッカート尺度で回答してもらった。

仮説1の独立変数である残業時間については，平均退勤時間を質問し，

5.4 調査方法

定時（17時30分）との差を計算して変数化した。仮説2の独立変数であるW→F葛藤については，Carlson et al.（2000）を渡井ほか（2006）が和訳した多次元的ワーク・ファミリー・コンフリクト尺度の仕事が家庭生活にもたらすコンフリクトのうち，時間に基づくコンフリクト次元とストレスに基づく反応次元の6つの質問項目（表5-1の項目内容1）で測定した。仮説3の独立変数であるLMXについては，Graen and Uhl-Bien（1995b）による尺度を参考に6つの質問（表5-1の項目内容2）を用いた。仮説4の独立変数である担当職務の自由度については，Hackman and Oldham（1980）およびIdaszak and Drasgow（1987）の尺度を参考に，3つの質問（表5-1の項目内容3）を行った。W→F葛藤，LMXおよび担当職務の自由度についても，従属変数と同じく7段階のリッカート尺度で回答してもらった。

統制変数として，性別，子供の有無，役職および制度利用経験を用いた[2]。役職については，管理職，監督職，それ以外のダミー変数を用いた。なお，制度利用経験については，A県の4つの休暇制度（育児休暇，職員の子育て支援休暇，育児のための短時間勤務，介護休暇）について，（1＝利用経験あり，2＝利用する予定，3＝必要性あるが利用予定なし，4＝必要性ないので利用予定ない，5＝その制度を知らない）で回答してもらった。そのうえで，1つでも「利用経験あり」を選んだ人については，制度利用経験有のダミー変数とした。

---

1) 本章の「寛容度」に用いた質問項目はLewis and Smithson（2001）のsense of entitlement（制度を利用することを権利があると感じている度合い）の概念を参考にして作成した。
2) 第3章で制度利用経験のある従業員は職務態度が向上することが示されているため，制度利用経験の有無によって，職場で制度利用者が出現した場合の心理にも影響があると考えて，制度利用経験を統制変数に投入した。

第5章 同僚従業員の業務負担予測と寛容度

5.5 結果

5.5.1 因子分析および信頼性分析

本章における変数の弁別妥当性を確認するため，主因子法およびバリマックス回転による因子分析を行った。バリマックス回転後の各質問項目を表5-1に示す。

仮説1から仮説5の検証に用いる従属変数であるW→F葛藤，LMX，担当職務の自由度，寛容度，および業務負担予測について，固有値1.0以上を基準として5因子が抽出され，全分散の81%を説明した。第1因子はW→F葛藤（α = .915），第2因子はLMX（α = .798），第3因子は担当職務の自由度（α = .796），第4因子は寛容度（α = 781），第5因子は業務負担予測（α = .706）となり，想定どおりの解釈が可能となった。それぞれの因子を構成する尺度の信頼性係数は表5-1に示されている。

測定尺度の弁別妥当性および信頼性に問題がないと判断したため，各項目について回答を点数化したうえで，該当する項目の回答を足しあげ，それを項目数で除して7点満点で変数化した。

5.5.2 基本統計量

使用変数の平均，標準偏差，最大値，最小値および相関行列を表5-2に示す。残業時間との関連においては，残業時間と業務負担予測の間に有意な正の相関，残業時間と寛容度との間に有意な負の相関が認められることから，仮説1aおよび仮説1bと整合的である。W→F葛藤においては，W→F葛藤と業務負担予測との間に有意な正の相関が認められることから，仮説2aと整合的である。また，LMXとの関連においては，LMXと業務負担予測の間に有意の負の相関，LMXと寛容度の間に有意の正の相関が認められるので，仮説3aおよび仮説3bと整合的である。さらに担当職務の自由度との関連においては，担当職務の自由度と業務負担予測との間に有

5.5 結果

表5-1 利用尺度の因子分析および信頼係数

項目内容	1	2	3	4	5
1. W → F 葛藤 (α = .915)					
家族と過ごしたい時間を，思っている以上に仕事にとられる。	**.690**	-.077	-.039	-.043	-.143
仕事に時間が取られるため，家庭での責任や家事をする時間が取りにくい。	**.834**	-.117	-.034	.004	-.156
職務を果たすのに多くの時間を使うため，家族との活動ができないことがある。	**.842**	-.114	-.015	-.052	-.150
仕事から帰った時，くたくたに疲れていて，家族といろいろなことをしたり，家族としての責任が果たせないことがよくある。	**.920**	-.063	-.067	-.074	-.024
仕事から帰った時，精神的に疲れ切っていて，家族のために何もすることが出来ないことがよくある。	**.711**	-.062	-.212	-.046	.065
職場でのストレスのために，家に帰っても自分が好きなことさえ出来ないことがある。	**.782**	-.117	-.150	-.045	.059
2. 上司との社会的交換関係（LMX）（α = .798)					
上司は私がかかえている問題やニーズを理解していない。（逆転項目）	-.270	**.736**	.061	.176	.040
上司は私の潜在的な能力・可能性を把握している。	.104	**.485**	.292	.036	.024
上司がどれだけの権限を持っているかにかかわらず，その権限を私が仕事上で抱えた問題を解決するために使ってくれる。	-.248	**.672**	.114	.056	.130
上司がどれだけの権限を持っているかにかかわらず，私が真に助けが必要な時には救ってくれる。	-.073	**.716**	-.049	.091	.128
上司を信頼しているので，上司が下した決定ならば，本人が不在であってもその決定を擁護し，納得してもらうようにする。	.020	**.558**	.144	-.003	-.092
上司とあなたの関係はうまくいっていない。（逆転項目）	-.112	**.595**	.116	.051	.039
3. 担当職務の自由度（α = .796)					
仕事の進め方について，自分自身で決定できる部分があまりない。（逆転項目）	-.216	.101	**.705**	.039	.167
仕事を進めていくにあたっては，独立性と自由度が高い。	-.172	.187	**.676**	-.002	.079
仕事中，自分自身の主体性を発揮したり自分で判断できる場合が多い。	-.025	.165	**.771**	.043	.051
4. 寛容度（α = .781)					
同僚が制度を利用するのは働く者として当然の権利である。	-.105	.127	.038	**.682**	-.030
必要性があっても制度を利用するのは遠慮すべきである。（逆転項目）	-.051	.056	.017	**.873**	.149
職場が忙しい時期は，一時的に制度を利用すべきでない。（逆転項目）	-.001	.071	.020	**.664**	.101
5. 業務負担予測（α = .706)					
同僚が制度を利用することと自分の業務負担量とは関係がない。（逆転項目）	-.087	.081	.161	.077	**.721**
同僚が制度を利用することにより自分の業務負担が増えると思う。	-.091	.051	.073	.107	**.670**

第5章 同僚従業員の業務負担予測と寛容度

表5-2 使用変数の平均, 標準偏差, 最小値, 最大値, 相関係数

	変数	平均	標準偏差	最小値	最大値	1	2
1	性別（女性＝1）	0.39	0.49	0.00	1.00		
2	子供（有＝1）	0.61	0.49	0.00	1.00	-.288**	
3	役職（監督職＝1）	0.14	0.35	0.00	1.00	-.131	**.210***
4	役職（管理職＝1）	0.06	0.24	0.00	1.00	-.090	.148†
5	制度利用経験（有＝1）	0.18	0.39	0.00	1.00	**.336****	**.383****
6	残業時間	1.29	1.28	0.00	5.00	**-.220****	-.019
7	W→F葛藤	3.74	1.32	1.00	7.00	-.065	.102
8	上司との社会的交換関係（LMX）	4.67	0.79	1.50	6.67	-.156†	.049
9	担当職務の自由度	4.03	1.07	1.00	6.00	-.008	**.185***
10	業務負担予測	5.10	1.18	2.00	7.00	.012	.041
11	寛容度	5.57	1.02	2.33	7.00	.120	-.078

**$p < .01$, *$p < .05$, †$p < .10$

意な負の相関が認められることから, 仮説4aと整合的である。

5.5.3 仮説の検証

本章の仮説を検証するため, 階層的重回帰分析を行った。すべてのモデルには, 統制変数として性別, 役職, 子どもの有無, 制度利用経験が投入されている。

仮説1～仮説4の検証のために行った分析結果を, 表5-3のモデル1～5および表5-4のモデル9～13に示す。階層的重回帰分析の第1ステップでは, 統制変数のみを重回帰式に投入し（モデル1, 9), 第2ステップで残業時間（モデル2, 10), W→F葛藤（モデル3, 11), LMX（モデル4, 12), 担当職務の自由度（モデル5, 13）を投入した。

まず, 仮説1で示される残業時間の効果については, 業務負担予測および寛容度を従属変数とした場合のいずれにおいても有意な効果が確認され（それぞれ, $\beta = .180$, $p < .05$; $\beta = -.200$, $p < .05$)（モデル2, 10), 残業時間を投入したことによりモデルの予測力も有意に上昇した（それぞれ, $\Delta R = .031$, $F = 4.393$, $p < .05$; $\Delta R^2 = .031$, $F = 4.458$, $p < .05$)（モデル1, 2, 9, 10)。残業

5.5 結果

3	4	5	6	7	8	9	10
-.104							
-.043	-.121						
.010	.110	**-.200***					
-.042	.103	-.018	**.608****				
.086	.083	-.027	-.059	**-.241****			
.141†	.091	.119	**-.213***	**-.259****	**.310****		
-.025	.064	.014	**.169***	**.175***	**-.168***	**-.242****	
.038	.033	-.002	**-.198***	-.100	**.166***	.080	-.148†

時間の少ない者は，そうでない者よりも業務負担予測が低く，寛容度が高いことが示され，仮説1aおよび1bは支持された。また，W→F葛藤が業務負担予測に対して有意傾向であり（$\beta = .170, p < .10$）（モデル3），W→F葛藤を投入したことによりモデルの予測力も有意に上昇した（$\Delta R^2 = .028, F = 3.953, p < .05$）（モデル1, 3）。仮説2aに対して支持的であると判断できるが，寛容度については，W→F葛藤は有意とはならず（モデル11），仮説2bは支持されなかった。仮説3で示されるLMXの効果については，業務負担予測および寛容度を従属変数とした場合のいずれにおいても有意な効果が確認され（それぞれ，$\beta = -.180, p < .05; \beta = .180, p < .05$）（モデル4, 12），LMXを投入したことによりモデルの予測力も有意に上昇した（それぞれ，$\Delta R^2 = .029, F = 4.224, p < .05; \Delta R^2 = .033, F = 4.823, p < .05$）（モデル1, 4, 9, 12）。LMXの高い者は，そうでない者よりも業務負担予測が低く，寛容度が高いことが示された。よって仮説3aおよび3bは支持された。仮説4で示される担当職務の自由度による効果は，業務負担予測を従属変数とした場合には有意な効果が認められ（$\beta = -.270, p < .01$）（モデル5），担当職務の自由度を投入したことによりモデルの予測力も有意に上昇した（ΔR^2

第 5 章　同僚従業員の業務負担予測と寛容度

= .067, F = 10.021, p < .01）（モデル 1, 5）が，寛容度を従属変数とした場合には有意とならなかった（モデル 13）。よって，仮説 4a は支持され，仮説 4b は支持されなかった。

次に，仮説 5 を検証するために実施した階層的重回帰分析の結果を表 5 －3 のモデル 1, 6 および表 5 －4 のモデル 7, 8 に示す。階層的重回帰分析の第 1 ステップでは，統制変数のみを重回帰式に投入し（モデル 1, 7），第 2 ステップで LMX（モデル 8），LMX および職務自由度（モデル 6）を投入した。仮説 5 の検証については，Baron and Kenny（1986）の媒介分析の枠組みを用いた（第 4 章 4.5 参照）。まず，業務負担予測を従属変数とする場合，仮説 3a が支持されることから条件 1 が満たされ，LMX が担当職務の自由度に有意な効果を与え（β = .300, p < .01）（モデル 1, 8），LMX を投入したことによりモデルの予測力も有意に上昇した（ΔR^2 = .085, F = 13.808, p < .01）（モデル 1, 8）ことから，条件 2 も満たされる。さらに，仮説 4a が支持されることから条件 3 も満たされる。最後に，LMX と担当職務の自由度が同時に重回帰式に投入された場合は，LMX が有意でなくなり，担当職務の自由度は有意な効果を与え（β = － .230, p < .05）（モデル 6），モデルの予測力も有意に上昇した（ΔR^2 = .075, F = 5.591, p < .05）（モデル 1, 6）ことから，条件 4 が満たされる。このことから，担当職務の自由度は，LMX と業務負担予測との関係を完全媒介していることが示される。寛容度を従属変数とする場合は，仮説 4b は支持されなかったことから条件 3 が満たされないため，媒介効果は支持されなかった。なお，検証された媒介効果を再確認する目的で，ソベル検定（Sobel, 1982）を行った（MacKinnon et al, 2002）。その結果，LMX から業務負担予測に対する，担当職務の自由度を通じた間接効果は有意となり（z = 2.042, p < .05），媒介効果が確認された。以上の分析結果より，仮説 5a は支持され，仮説 5b は支持されなかった。以上の本章の結果を図 5 －2 に示す。

5.5 結果

表 5-3 階層的重回帰分析の結果（従属変数：業務負担予測）

	業務負担予測					
	モデル 1	モデル 2	モデル 3	モデル 4	モデル 5	モデル 6
	(β)	(β)	(β)	(β)	(β)	(β)
性別（女性 = 1）	.033	.062	.019	.001	.043	.022
子供（有 = 1）	.053	.051	.042	.045	.083	.074
役職（監督職 = 1）	-.027	-.019	.000	.003	.009	.025
役職（管理職 = 1）	.055	.046	.044	.070	.081	.087
制度利用経験（有 = 1）	-.012	.020	.002	-.003	.008	.010
残業時間		**.180***				
W → F 葛藤			**.170**†			
LMX				**-.180***		-.110
担当職務の自由度					**-.270****	**-.230***
R^2	.007	.038	.035	.036	.073	.082
ΔR^2		.031	.028	.029	.067	.075
F 変化量		4.393*	3.953*	4.224*	10.021**	5.591*

$^{**}p < .01$, $^*p < .05$, $^\dagger p < .10$

表 5-4 階層的重回帰分析の結果（従属変数：担当職務の自由度，寛容度）

	担当職務の自由度		寛容度				
	モデル 7	モデル 8	モデル 9	モデル 10	モデル 11	モデル 12	モデル 13
	(β)	(β)	(β)	(β)	(β)	(β)	(β)
性別（女性 = 1）	.025	.079	.120	.078	.110	.150	.110
子供（有 = 1）	.120	.130	-.066	-.053	-.054	-.059	-.075
役職（監督職 = 1）	.130	.095	.073	.060	.051	.038	.062
役職（管理職 = 1）	.100	.072	.060	.067	.070	.044	.052
制度利用経験（有 = 1）	.084	.065	-.007	-.045	-.001	-.016	-.013
残業時間				**-.200***			
W → F 葛藤					-.092		
LMX		**.300****				**.180***	
担当職務の自由度							.081
R^2	.059	.145	.024	.056	.029	.057	.030
ΔR^2		.085		.031	.005	.033	.006
F 変化量		13.808**		4.458*	0.699	4.823*	0.883

$^{**}p < .01$, $^*p < .05$

第5章　同僚従業員の業務負担予測と寛容度

5.6　小括

　本章では，利用者をとりまく職場の同僚の視点から，職場でのWLB支援制度の利用促進に関連する要因についての仮説検証を行った。その結果，予測どおり，残業時間，W→F葛藤，上司との関係，および担当職務の自由度の重要性が確認された。
　分析結果から，残業時間の多さは，直接的にWLB支援制度利用者の出現に伴う業務負担予測や寛容度を悪化させる。この結果については，残業時間の多い同僚従業員は分配的に公正であると知覚しなくなり，不満を抱くようになることが原因であると考える。WLB支援制度の利用を促進する職場風土を醸成するためには，職場内において適切な労働時間管理を図り，適正人員の配置による残業時間削減などの措置をとることが重要であることが示唆された。
　次に，仕事が家庭生活に与えるコンフリクトを示すW→F葛藤については，業務負担予測にのみ影響を与えることが示唆された。これは仕事が原因で家庭生活との両立が困難となっている従業員は，WLB支援制度の利用者が生じることによる追加の業務負担を受け入れるだけの余裕がないことを示しているため，職場内の業務内容の見直しなどを通じて従業員のW→F葛藤を軽減しようとする努力が，ひいては，WLB支援制度の利用を促進する職場風土の醸成にも寄与することが示唆される。また，担当職務の自由度と業務負担予測の関係も確認されたことから，権限委譲などを通じて従業員が担当する職務の自由度を高めることで，WLB支援制度の利用者が生じることに伴う従業員の寛容度の向上が見込まれると思われる。
　また，職場の上司が，WLB支援制度の直接の対象とはならない従業員のマネジメントを通じて，WLB支援制度の利用を促進させる風土の醸成に寄与することを示唆する結果も得られた。職場の上司は，WLB支援制度

5.6 小括

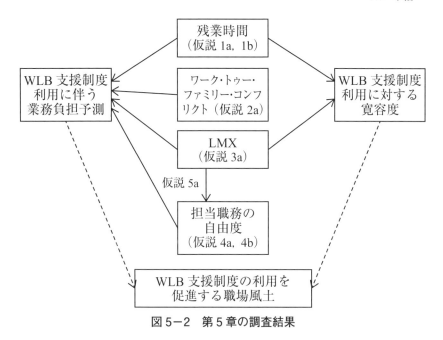

図5-2 第5章の調査結果

の利用者本人のみならず，利用者を取り囲む同僚に対する適切なマネジメントを実施し，彼らとの良好な関係を築くことが，直接的もしくは権限委譲や職務自由度の増大などを通じて間接的にWLB支援制度の利用を促進することにつながると考えられる。また，上司との関係が良好である従業員は上司から大切に扱われていると知覚して物事を肯定的に受け止め，同僚従業員のWLB支援制度の利用に対して寛容になることが考えられる。

さらに，本章では，担当職務の自由度が高くても，制度利用に対して寛容とならなかったが，上司との関係が良好である職員は，同僚がWLB支援制度を利用することに対して寛容となることが示された。ミドルマネジャーを調査対象とした第3章では，部下に対する家庭生活の充実については，上司からの支援を受けている場合は寛容となったが，担当職務の自由度は寛容度に影響を及ぼさないという結果が示された。本章についてもライフのうち家庭生活の充実を支援する休暇制度について調査しており，

第 5 章　同僚従業員の業務負担予測と寛容度

ミドルマネジャーと同僚従業員では，家庭生活の充実に対する寛容度を高める職場環境が共通していることが示唆された。

一方で，今回の結果ではW → F葛藤については業務負担予測を高めたが，寛容度には影響を与えなかった。これについては，本章の調査対象であるWLB支援制度は，ライフのうち家庭生活を充実するものであるためと考える。W → F葛藤が高い従業員は，家庭生活の満足度が低いだろう。こうした従業員は，WLB支援制度を利用することにより家庭生活を充実させることに理解を示すため，寛容となる者がいる。一方で，従業員の中には自身のW → F葛藤が高いままであり不公平と感じる者もいる。このように寛容度の高い従業員とそうでない従業員が混在しているため，W → F葛藤は寛容度に影響をもたらさない結果を示したと考える。

なお，本章の結果は，行政組織が持つ固有の特徴が反映されている可能性もある。たとえば，行政組織の主な特徴として挙げられるのが，大部屋主義（同一の部屋に多くの職員が同居して集団的に職務を遂行する）や手続き主義である（大森, 2006；真渕, 2009；太田, 2011；桑田・田尾, 1998）。民間企業でも多かれ少なかれこれらの特徴を持っていると考えられる点においては (e.g., 太田, 2011；沼上, 2003；守島, 2010b)，本章のフレームワークや分析結果が民間企業にも適用できる可能性は保持している。ただし，利益や効率性を重んじる姿勢や個人ベースの職務遂行を重視する度合いが高い企業においては，行政組織とは異なる職場環境を有する可能性も高いため，結果の適用可能性については慎重に考慮する必要がある。

また，仮説4a，4bで示された媒介仮説に関して，職務自由度のみならず残業時間およびW → F葛藤を媒介変数とする仮説も論理的には可能だと思われたが，大部屋主義や手続き主義の特徴を持つ行政組織では，上司との個別の関係性が本人の残業時間や仕事量に直接的な影響を与える度合いが小さいと判断し，仮説としては設定しなかった。しかし，職務の個別性が強く，上司との関係性が仕事量や労働時間に直接的な影響を与えうるような企業の場合，これらの媒介効果が存在する可能性もあるだろう。

5.6 小括

　これまで，従業員がWLB支援制度を使いやすい環境を整えるために，職場の管理職が中心となって，仕事管理や時間管理を徹底していく重要性がしばしば指摘されてきた（佐藤・武石，2010，佐藤ほか，2015）。本章はまさに，WLB支援制度を利用しやすい職場風土を形成するうえで，上司の役割，時間管理，仕事が家庭生活に与えるコンフリクトの低減，および仕事管理の重要性を実証的に示す結果となった。これらの要素を重視することは，WLB支援制度の利用を促進する風土の醸成のみならず，職場で働く従業員全員のWLBの実現に対して肯定的な職場風土につながる可能性も示している。

　以上，本章では，地方公務員を対象として実証研究を行い，WLB支援制度利用者の同僚従業員がWLB支援制度を利用することを促進することにつながる要因およびそのプロセスを研究してきた。第6章では，WLB以外の人事制度にも目を向けたうえで，本章と同様にWLB支援制度利用者の同僚従業員の支援度合いを高める要因を探る。

第6章
同僚従業員の態度

6.1 本章の目的

　第 4 章および第 5 章では，WLB が職場で円滑に運用されるために，WLB 支援制度利用者の上司や同僚従業員の寛容度を高めるリソースに焦点を当てた。これまで，上司と仕事の裁量度の 2 つのリソースに注目をしたうえで，これらの要因が従業員の寛容度を高めることを示した。一方で，リソースについては幅広いため，寛容度に影響をもたらす他の職場要因についても目を向ける必要がある。

　そこで，本章では，他の人事制度に注目する。WLB 支援制度と同様，恩恵を強く受ける従業員と恩恵をほとんど受けない従業員に分かれる構造である人事制度はいくつか存在する。本章では，これらの人事制度の中からポジティブ・アクション（Positive action, 以下，「PA」という。）の研究に着目する。PA は，WLB と異なり恩恵を受けない従業員の心理についての知見が蓄積されている。このため，PA の研究をもとに，PA から恩恵を受けない従業員の心理に与える要因について整理し，同僚従業員の WLB 支援制度の利用者に対する態度に影響を与えるリソースについて探っていく。

6.1　本章の目的

　既に述べたとおり，WLB を充実するための職場環境を探るにあたって，周囲の従業員の心理プロセスを明らかにすることは重要であるものの，これまでほとんど研究がなされてこなかった。第 4 章および第 5 章により，恩恵を受けることの少ない従業員であっても，リソースが増えることで WLB 支援制度の利用に対する寛容度が高まることを示した。また，第 4 章の結果は，家庭生活や個人生活など，WLB のライフの内容によっては寛容度に影響を与えるリソースが異なる可能性も示した。一方で，これまで恩恵を受ける度合いの少ない従業員の寛容度を高めるリソースについてほとんど注目されてこなかった。このため，これまでの章で示した内容に加えて寛容度に影響をもたらす職場要因について明らかにすることが求めら

第6章 同僚従業員の態度

れる。

そこで、本章では、WLBの恩恵を受けることの少ない同僚従業員の心理を理解するため、従業員がPAに対して示す反応に関して行われてきた諸研究から得られた知見を利用する[1]。もともとPAという概念は、人種や性別などを理由にした少数派に対する差別や格差を是正する施策を意味しているが、日本ではもっぱら男女格差の是正措置に限定して使用されている。本章では非受益者がPAに対して抱く心理に関して行われてきた欧米諸国における研究を手掛かりに、WLB支援制度の恩恵を受けない従業員の心理について探る。同僚従業員の心理に影響を与える要因に配慮することによって、本来WLB支援制度に否定的な感情を持つことが多いと想定される同僚従業員がWLB支援制度の利用に対して協力的になるとともに、その職務態度も向上することにつながるためである。既に述べてきたとおり、管理職の役割やWLB支援制度を利用する本人への影響に関する研究に比べて、WLB支援制度の利用を促進する職場風土に影響を与えうる職場の同僚の視点に着目した研究は、欧米も含めて極めて少ない。

また、制度を利用することが仕事上のキャリアに不利となるという認識も、制度の利用を妨げる要因となっているとも考えられる。Cohen and Single (2001) は、シナリオを用いた質問紙調査にもとづき、柔軟な勤務時間制度を利用することは、性別に関係なくキャリアにとってマイナスになることを示した。Veiga, Baldridge, and Eddleston (2004) は、制度を利用することで同僚従業員に負担をかけていると知覚すると、WLB支援制度を利用しづらくなることを指摘している。逆に、制度を利用しても仕事上のキャリアにマイナスとならないと認識すれば、WLB支援制度の利用が促進される可能性があるだろう。WLB支援制度利用者にとって、周囲の従業員からの評価がキャリアにも影響しうるため、同僚従業員の負担増によ

---

[1] アメリカではアファーマティブ・アクション (Affirmative action) という表現が使用されるが、本書では日本やヨーロッパと同じくPAに統一することにする。

る不公正感情だけでなく，同僚従業員や上司の WLB 支援制度の利用に対する寛容度と，その心理的メカニズムについても理解することが重要となる。

そのため，WLB 支援制度利用者の周囲の従業員が抱く心理の研究を行う必要があるが，こうした研究については体系的な整理がほとんどなかった。本章では，WLB からの恩恵を直接的には受けない従業員の心理に与える研究が蓄積されている PA に着目して，WLB 支援制度利用者の同僚の心理を探る。次節では，まず PA について説明を行い，そのうえで PA と WLB の類似性について説明を行う。

6.2 ポジティブ・アクションの既存研究

6.2.1 WLB 研究と PA 研究の類似性

PA とは，人種や性別などを理由とした，少数派に対する差別や格差を是正する施策のことだが，その具体的な内容は幅が広い。Kravitz (1995) は，PA 施策を効果の強さに基づいて以下の4つに分類している。具体的には，①枠を設けず対象者を絞った訓練などで資格者を増やそうとする機会の増加（Opportunity Enhancement），②多数者に対して優遇することを禁止する機会均等（Equal Opportunity），③同等の能力を持つ資格者の場合は少数者を優先するタイブレーク（Tiebreak），④少数派のほうが実力が劣っていたとしても設定した割合や人数を優先する積極的優遇措置（Strong Preferential Treatment）の4つである。

日本では，PA は女性の管理職比率を高めることなど，男女共同参画の促進を目的とした施策を指す表現として使用されることが一般的である。2010年に発表された内閣府の第3次男女共同参画基本計画では，子育て世代の女性の就業率低下（M字カーブ）を防止するためにも WLB の推進が必要であると述べるとともに，女性の社会参画をより促進するために PA の

推進などが必要であるとしている。

　PA を導入する企業においては，PA の導入によって女性が活躍しやすい環境を整えていくとともに，経営にもプラスの効果をもたらすことを期待している。企業が PA を推進していく必要があると思う理由について，平成 25 年度雇用均等基本調査（厚生労働省，2014a）で調査を行っている。企業調査では「男女ともに職務遂行能力によって評価されるという意識を高めるため」(64.4%)「女性の能力が有効に発揮されることにより，経営の効率化を図るため」(63.7%)，「働きやすく後世に評価される企業として認められ，良い人材を確保できるため。」(53.1%) という回答（複数回答）順に多くなっている。

　さらに，PA などの男女の均等施策と WLB 施策は，両者があいまって効果をもたらすことも指摘されている。佐藤・武石 (2010) は，女性の能力活用のためには，PA などの男女の均等施策か WLB 支援のうち一方だけを充実させるだけでは不十分であり，両方を充実させることが重要であると指摘している。また，脇坂 (2008) は，企業の「均等度」と「ファミフレ度」(仕事と家庭生活の両立支援の充実度合い) という 2 つに分類したうえで，「均等度」と「ファミフレ度」がともに高い企業では，経常利益にプラスの効果を与えることを示した。

　女性の職業生活における活躍の推進に関する法律（女性活躍推進法）が施行されたことに伴い，わが国でも管理職の割合を高めるために PA を導入する企業は増えると予想される[2]が，PA を導入することで生じる従業員の心理を理解することが，今後ますます必要となるであろう。特に，PA の恩恵を受けない男性従業員から反発を受ける可能性が指摘されている。たとえば，独立行政法人労働政策研究・研修機構 (2013) は 10 社に対するインタビュー調査の結果，男性従業員が不公平感を持つのではないかと警

---

2) わが国と同様，少子化の問題を抱えている韓国における PA の状況については，大沢 (2015) で説明されている。

戒することが，女性優遇策の採用を阻害する要因の一つになりうると指摘している。このような企業においては，男性従業員が警戒感を持つことでPA 導入を見送るだけでなく，たとえ実際に導入してもプラスの効果に結びつくことが少ないだろう。WLB 支援制度利用者の同僚従業員の場合と同様，PA においても制度の恩恵を受けない従業員の心理を理解したうえで，どのような条件のもとで PA に対して今後理解を示すようになるのかについて日本でも問題となってくると予想される。

　PA に対する従業員の反応についての研究は，現状においては日本ではまだ少ない。PA を導入することによって引き起こされる従業員の心理的反応についての研究は，坂田（2008）および川口（2008）の例外を除きほとんどなかった。坂田（2008）は，本章と同様に PA についての研究を整理したうえで，これまで研究されてこなかったわが国でも研究の蓄積が必要であるとしている。川口（2008）は，PA の実施企業では，女性従業員だけでなく男性従業員もモチベーションが高くなったが，その理由は PA を導入した企業では評価の明確化などにより，従業員の公平知覚が高くなる可能性があると指摘している。ただ，これらの研究を除いて PA に対する従業員の反応についての研究は日本ではほとんど見られない。

　本章では，WLB 支援制度の恩恵を受けない同僚従業員の心理を理解したうえで，どのような条件のもとで WLB 支援制度の利用に協力的になるかについて検討するため，PA が従業員の心理に与える要因に関する研究に焦点を当てる。PA についての研究を用いる理由については，WLB 支援制度と同様，PA もまた，制度の恩恵を受ける者と受けない者に二分される構造であることにある。WLB 支援制度については，制度利用者が恩恵を受ける一方で同僚従業員の負担が増加する。PA においては，たとえば女性の管理職の比率に数値目標を設定することにより，受益者となる女性の職務態度が向上するものの，非受益者である男性は昇進や評価の面で不公平感を抱き，その結果マネジメントに悪影響を及ぼすことも予想される。このように，WLB 支援制度は，PA と同じく恩恵を受ける側と受けな

い側に分かれるため，PAについての研究は，WLB支援制度利用者の同僚従業員の心理に関する研究にとって参考になる。既述のとおり，日本ではPAをめぐる従業員の心理に関する研究がほとんど存在しないので，欧米における当該分野の研究を参考にすることが適切である。

制度としてのPAを支援するかどうか，その度合いに影響する要因は，信条など従業員個人の属性，施策の受け止め方，公平性の3つに分けられる。Crosby, Iyer, and Sincharoen（2006）は，人種・性別，偏見・イデオロギーといった従業員個人の属性と，施策に対して従業員個人がどう知覚するかの2つに分類している。Harrison, Kravitz, Mayer, et al.（2006）は，人種主義や自己利益だけでなく，公平性の観点からも説明できるとしている。Harrison et al.（2006）のいう「従業員の自己利益」とは，Crosby et al.（2006）がいう「施策に対する知覚」に含まれると理解できるので，本章では，従業員がPAに対していかなる心理的な反応を示すか決定する要因を，施策の利益・不利益の度合い，価値観と施策目的との整合性，公平意識の3つについて説明する。

6.2.2　利益・不利益の度合い

個々の従業員のPAに対する心理に影響をもたらす要因としては，まず個々の従業員が，PA施策によってどのような利益や不利益を受けるかということが挙げられる。既に述べたKravitz（1995）の分類においても，PA施策はただ単に機会均等を促すだけの施策から，少数派に強制的に役職を割り当てるものまで幅が広い。Harrison et al.（2006）は，こうしたPA施策の強制力の違いが，自己利益への関わりや公平意識への影響の違いをもたらし，従業員の反応が異なることにつながると指摘している。

従業員が，PA施策によってどの程度利益や不利益を受けると認識するかは，組織から受けた説明によって異なる。Lowery, Unzueta, Knowles, et al.（2006）は，白人を対象にして，従業員自身の利益とPAに対する支援度の関係について，シナリオを用いた調査を行った。その結果，PA施策に

より自身の所属するグループに不利益がもたらされる場合には，施策を支持しないことが示された。その一方で，PA 施策によって自身の属さないグループに利益がもたらされても自身の所属するグループには不利益がもたらされない場合には，PA 施策には反対しないことが示された。このように，PA 施策による影響をどのように説明されたかによって，従業員はPA 施策を支持するかどうかを決定する。

6.2.3 価値観と施策目的との整合性

　PA 施策の目的と，それに対して従業員がどのような信条や価値観を持っているかも，施策に対する受け止め方や，職務態度に影響があることが示されてきた。これまで PA 研究では，従業員がどのグループに属するかだけでなく，PA 施策のもとで信条や価値観が，従業員に与える影響について研究されてきた。たとえば，James, Brief, Dietz, et al.（2001）の調査によれば，有色人種を優遇する PA 施策のもとにおいては，有色人種に対して強い偏見を持つ白人は，自分自身の昇進の満足度が低くなる傾向があるとしている。また，女性を優遇する PA 施策に関しては，ネオセクシズムやジェンダー意識などが高い従業員は，PA に対する支援度合いや PA 施策を実施している組織に対する愛着が低くなる（Tougas, Brown, Beaton, et al., 1995; Martins & Parsons, 2007）。このように施策についての信条や価値観は，PA に対する反応に影響をもたらす。

　また，PA 施策が整備された目的の受け止め方と，従業員の信条や価値観とが合致しているかどうかが，PA 施策の支持度合いに影響する。たとえば，施策に対して差別があったことに対して罪悪感を持っている従業員は，PA 施策を支援するようになるとされている。たとえば，Iyer, Leach, and Crosby（2003）は，白人がこれまで優遇されてきたという罪悪感が，PA を支援するかどうかに与える効果について研究を行っている。この研究においては，これまでの代償措置として PA 施策を認識する場合と，機会均等の措置として PA 施策を認識する場合とで反応の違いがあるかどうかに

ついて分析を行っている。白人の大学院生を対象に分析を行った結果は，償いとして PA 施策を導入している場合，罪悪感を持つ白人は施策を支援することを示している。一方，PA 施策が機会均等を目的とする場合，それを支援するかどうかは，罪悪感ではなく同情心を持つかどうかに影響されることを示している。また，これまで女性が差別されてきたという思いが，組織の魅力に PA 施策がもたらす効果に影響を与えていることが，Martins and Parsons (2007) において示されている。このように，PA 施策によって不利益を生じるとしても，施策が整備された目的や従業員の信条・価値観次第では，納得するようになる。

さらに，PA 施策によって利益を受けるグループに属していても，施策の目的が自分の信条や価値観と合致しない場合には，施策に対して否定的に受け止めることも示されている。女性が優遇される PA 施策についても，女性従業員の自己評価や，自分が同僚従業員からどう見られているかという意識次第では，施策を支持する度合いに違いが出ることが指摘されている (Heilman & Alcott, 2001)。本来，PA 施策に対する従業員の態度に影響する要因については，恩恵を受ける立場の女性は，優先的に研修を受講したり，優先的に役職に就任し昇進に有利になることから，PA に対して支援の姿勢を示すと考えるのが自然であるが，利益を受ける立場である従業員が，PA に対して否定的な感情を持つこともある。

6.2.4　公平意識

公平意識もまた PA に対する態度に関係している。公平意識は大きく分けて分配的公正 (Distributive Justice)，手続き的公正 (Procedural Justice)，相互作用的公正 (Interactional Justice) の 3 つに分類できる (e.g., 関口・林, 2009; Folger & Cronpanzano, 1998; Gilliland & Gilliland, 2001; Colquitt, Conlon, Wesson et al., 2001) ので，この順番に沿って説明していく[3]。

(1) 分配的公正

分配的公正とは，「個人が受け取った結果や分配に対して公平と感じる

かどうか」(Folger & Cropanzano, 1998, p. xxi) ということである。前述したとおり，Adams (1965) によれば，仕事で得られるもの（アウトカム）を仕事に投入するもの（インプット）で割った比率を他者と比較し，他人と比較して釣り合わなければ不公平とみなす。女性従業員を優先的に登用する PA 施策をとっている会社では，男性従業員は同じ量の努力（インプット）をしても，地位や給料などの成果（アウトカム）が女性従業員よりも量的に少なくなるのではないかと考えるため，PA 施策に対して不公平感を抱くことになる。

(2) 手続き的公正

手続き的公正とは，「資源の分配を決定する方法，制度，プロセスについての公平性」のことである (Folger & Cronpanzano, 1998, p. 26)。ある特定の状況が公正であるかどうかについての個人の判断は，分配の手続きが公正であるかどうかによって決まることを意味している。守島 (1997) は，昇進・昇格に関する手続き的公正を高める手段には，評価そのものや昇進者決定の結果を公開しその理由を説明する「情報公開」，人事評価に対する苦情や申立てを行うとともに処理を行う「苦情処理」，企業方針などの情報を伝えるだけでなく人事施策立案に意見をフィードバックさせる「発言・参加」の 3 つがあるとしている。このように情報公開，苦情処理，発言・参加を高めることにより，手続き的公正が高まると考えられる。PA 施策の制度を設ける際に従業員の考えを聞くことや，意思決定に際して従業員を参加させることによって，従業員の手続き的公正が高まると考えられる。

(3) 相互作用的公正

相互作用的公正とは，「個人が受ける対人的な取扱い」により感じる公平

---

3) 守島 (1997) は，Distributive justice を「結果の公平性」，Procedural justice を「過程の公平性」と訳したうえで，この 2 つの公平意識について論じている。本書では，関口・林 (2009)，Folger and Cronpanzano (1998)，Gilliland and Gilliland (2001)，Colquitt et al. (2001) などにもとづき，分配的公正，手続き的公正，相互作用的公正の 3 つに分類することとする。

性のことである (Folger & Cronpanzano, 1998, p. xxiii)。相互作用的公正を高めるためには，制度を導入するに際しても画一的な基準により運用するのではなく，職場の現状にあった形で運用できるように，職場レベルに権限移譲することが必要である。また，上層部は意思決定に際して，どのような点を特に重視しているかなどわかりやすく説明をするとともに，職場での制度の運用状況や，従業員の職務態度に関心を持つことなど，従業員が組織の中で尊重されていると知覚させることが必要であろう。

　PA 施策には，これまで説明してきた分配的公正，手続的公正，相互作用的公正のいずれもが影響を与えると指摘されている。たとえば，Gilliland and Gilliland (2001) は，特定の集団を対象とした教育訓練を行ったケースについて以下のような説明を行っている。訓練の対象者が人種や性差を基準に選ばれた場合は，選ばれなかった従業員は分配的公正を低く見積もり不満を感じやすくなる。選別についての意思決定が合理的でない場合には手続的公正に対する知覚に影響を与えている。上司が部下に対して，施策の内容についての上層部の考えや，施策と経営戦略との関連性をどのように伝えているかが相互作用的公正の知覚に影響を与えるとしている。相互作用的公正が高いと認識するためには，たとえば上層部が重要であると態度に示すことや，経営戦略に結びつけて説明することが必要であるとしている。

6.3　ワーク・ライフ・バランス研究への適用

6.3.1　PA 研究と WLB

　ここまで，PA 施策に対する反応について，利益・不利益度合い，施策の目的と価値観との整合性，公平意識の3つに分けて説明してきた。施策がどの程度まで従業員に対して影響を与えるかが重要であること，施策の目的に対してどのような感情を抱くかが，PA に対する心理に影響すること，

6.3 ワーク・ライフ・バランス研究への適用

公平意識については分配的公正，手続き的公正，相互作用的公正のいずれもPAに対する心理に影響を与えることを説明してきた。

これらの3つの要因は，WLB支援制度の利用者の周囲の従業員の心理にも影響を与えると考えられる。なぜなら，WLB支援制度においてもPAと同様に，制度の恩恵を受ける従業員とそうでない従業員に分かれる構造が共通しているためである。これらの要因は，恩恵を受けることの少ない従業員が寛容度を高めるにあたって，重要なリソースであると考えた。

以下，これまでの議論をもとに，利益・不利益度合い，施策の目的と価値観との整合性，公平意識に分けて，WLB支援制度利用者の周囲の従業員の心理にもたらす要因について説明する。

6.3.2 利益・不利益の度合い

PAについては，施策ごとの強制力や個々の従業員にとってどの程度不利益を生じるかが異なるため，個々の従業員のPA施策に対する心理に違いを生むことを述べてきた。WLB支援制度についても同様と考えられる。

WLB支援制度がどの程度まで自分の利益と関わってくるか，これは個々の従業員のニーズと関連性があると考えられる。どの程度まで従業員の利益と関連しているかについては，個別具体的な施策に対するニーズの有無により2つに分類することができる。1つは，特定のWLB施策に対するニーズがあるが順番待ちなどのためすぐには利用できないケースである。もう1つは，特定のWLB施策に対するニーズを持たない，あるいは施策の対象ではないケースである。

WLB施策に対するニーズがあっても利用できないケースに関しては，特定の支援制度を利用できないことが個々の従業員に否定的な影響をもたらすかどうかについて見解が分かれている。具体的に述べると，育児支援制度は，利用者の仕事に対する態度や便益に対する魅力を向上させるが，制度を利用したいと思っているのに順番がなかなか回ってこない従業員には，育児制度の魅力や公平性に対する認識に悪影響をもたらしている

(Kossek & Nichol, 1992) という結果や，将来恩恵を受ける可能性がある場合にはプラスの効果をもたらすことがある (Rothausen, Gonzalez, Clarke, et al., 1998)。

特定のWLB支援制度についてニーズをもたない従業員の場合，その支援制度を利用できないことが制度利用者に対する態度に否定的な影響をもたらす可能性があると予想される。Rothausen et al. (1998) は，子供のいない同僚従業員は，制度の利用者に対して不満を感じるとしている。その理由は，受益者のために自分の仕事が増えることだけでなく，受益者である制度利用者が好意的に取り扱われていると思うためであるとしている。

特定の支援制度に対するニーズを持たない従業員の，WLB支援制度全般に対する態度を向上させるためには，制度そのものの対象となる従業員を増やすことが必要である。アメリカでは，育児休暇制度だけでは制度の利用対象となる従業員が限定されてしまい，制度を利用できない従業員から反発があったため，対象者を広く設定することができるよう，個人生活まで含めたWLBの概念が浸透した。佐藤・武石 (2010) は，個人生活を充実できるようになった従業員は，他の従業員のライフを家庭生活の充実まで含めて尊重するようになるとしている。このため，現時点においてはWLB支援制度の恩恵を受けない同僚も，WLB支援制度の対象が拡張されることにより，WLB支援制度を利用する従業員に対しても理解を示すようになるだろう。

6.3.3 価値観と施策目的との整合性

WLB支援制度利用者を支持するかどうかについては，PAと同様に従業員の価値観と施策目的との整合性の影響を受ける。まず価値観については，WLB支援制度の利用者に対する偏見やジェンダー意識などが，WLB支援に対する個々の従業員の態度と関連性があることが，これまでの研究結果によって示唆されている。WLB支援制度の利用者に対する偏見に関しては，Rogier and Padget (2004) は，シナリオを用いた調査によって，フ

レックスタイムなど柔軟な勤務制度のもとで働く女性は，実際に知覚される能力とは関係なく，仕事のコミットメントや昇進へのモチベーションが低く評価されることを示している。また，藤本・新城（2007）は，ジェンダー意識の高い従業員は，両立支援制度に対して不公平感を持つ傾向があることを指摘している。ジェンダー意識が高い従業員は，男性は仕事，女性は家庭生活という性別分業意識が強いため，男性と女性の両方の従業員が仕事と家庭生活を両立させることを支援する WLB 支援制度に対して敵対的態度を取ることが予想される。

また，WLB 施策については，個別の WLB 支援制度の目的によって，従業員の寛容となる度合いが異なる。第 4 章で述べたとおり，WLB 施策といっても育児や介護などの家庭生活に対する支援から個人生活に対する支援まで幅広い。このため，個別の制度によって，社会全体での理解度合いが異なる。

さらに，従業員の信条や価値観，これまでどのような経験をしてきたかによって，個別の WLB 支援制度ごとに従業員個々人の理解度も異なる。たとえば，地域との結びつきが強い従業員はボランティア活動に対する理解度が高いと予想される。また，もともと自発的に学習して仕事に活かしてきた従業員は，大学院で勉強することについて積極的に支援することも考えられる。このため，従業員の過去の経験や価値観によっても，個別の WLB 支援制度に対する理解度は異なる。

従業員どうしが，お互いのライフを尊重することが，WLB を支援する度合いを高めることにつながる。WLB を充実させるためには，管理職をはじめ従業員全体の意識を変えることが必要であるが，そのためには研修などによる意識改革が効果的であると指摘されている（e.g., 大沢, 2008）。佐藤・武石（2010）は管理職を中心に様々な従業員を受け入れる風土づくりを行うことが必要であると指摘している。こうした風土づくりによって，従業員のお互い様意識を高めていくことが効果的である。また，国や自治体の施策も，WLB に関する意識を変えていくうえで影響を与える。仕事と

第6章 同僚従業員の態度

家庭生活の葛藤が生じた際，その当事者である従業員が，自分に WLB 支援制度を利用する権利があると思うかどうかが，家庭生活と仕事に関する組織内の従業員の価値観を変えることに影響を与える一方，制度を利用する権利があると認識している度合いについては，国の WLB 施策なども影響を与えることが示唆されている（Lewis, 1997）。このため，その従業員の居住地域や会社を所管する自治体の条例や政策によっても，従業員のライフに対する意識が変わってくるだろう。

6.3.4 公平意識

PA と同様，公平意識も，WLB 支援制度利用者の周囲の従業員に対する態度に影響を与える。PA に対する態度では，公平意識を分配的公正，手続き的公正，相互作用的公正に分類したうえで，非受益者の心理に与える要因を整理した。WLB 支援制度の利用者に対する反応に影響を与える要因についても同様に整理したうえで述べる。

(1) 分配的公正

分配的公正は，WLB 支援制度の恩恵を受けない従業員の不公平感を説明する理論的背景として用いられてきた。制度利用者や WLB 支援制度に対して抱く不公平感については，本書の第5章と同様，代表的な分配的公正の理論である Adam（1965）の衡平理論によって説明されてきた（坂爪, 2012；藤本・新城, 2007）。坂爪（2012）は，WLB 支援制度の恩恵を受ける者や両立支援制度の利用対象者が少ない場合は，WLB 支援制度に対して不公平と認識する傾向があると論じており，そのうえで公平な評価制度が必要であるとしている。藤本・新城（2007）は，家庭生活を支援する WLB 支援制度は，同僚従業員の不公平感に影響を与えると捉えており，組織の一部の従業員のニーズを尊重して特別な優遇措置をとったり，優遇措置を受ける従業員の担当していた仕事を，恩恵を受けない従業員が代行して行ったりすることによって，従業者間に不公平な取り扱いが生じる可能性があることを指摘している。こうした同僚従業員の分配的公正を高めるために

は，業務量を削減することが必要であると考えられる。既述のとおり Adams (1965) の衡平理論によれば，アウトカムの量が一定であってもインプット量が減るならば分配的公正が高まるとされているので，この理論を用いて WLB 施策の運用にあたって，恩恵を受けない従業員の負担が軽減されるよう業務構造を改善する必要がある。本書の第 5 章でも，残業時間が少ない職場では，同僚従業員が WLB 支援制度を利用した場合でも業務負担はそれほど増加しないと予想するようになり，しかも WLB 支援制度の利用希望者に対して積極的に支援するようになることを示している。一方，上司については，制度利用者をインプットとアウトカムの比率についての比較対象とすることは少ないと考えられることから，分配的公正の観点から不公平であると知覚することは少ないと考える。

業務量を削減するための業務改善にあたっては，職場の上司の役割が重要であることが示されてきた。坂爪 (2007) は，管理職による役割受容に注目し，これが部門全体の業務見直しや勤務時間の見直しといった取り組みを喚起し，部門に肯定的な変化をもたらすとした。つまり上司の意識が業務の削減に重要な役割を果たすのである。具体的な業務削減の方法としては，佐藤・武石 (2010) は，管理職が部下に仕事を任せて管理業務に専念すること，様々な事情を持つ従業員を前提とした従業員のマネジメントを行うことが必要であるとしている。このように上司が業務の削減に向けた取り組みを実践することにより，分配的公正の面から恩恵を受けない従業員も WLB を支援するようになると考えられる。

(2) **手続き的公正**

手続き的公正を高めることも，制度の恩恵を受けない従業員が WLB 支援制度を肯定的に受け止めることにつながると考えられる。ここでは，昇進・昇格に際して手続き的公正を高める方法を，情報公開，苦情処理，発言・参加の 3 つに分けて説明する守島 (1997) の分類を WLB 支援制度にも用いることにする。

「情報公開」を充実させることは，手続き的公正の一つとして WLB 支援

制度の利用を促進するだけでなく，WLB 支援制度利用者が出現した場合の対応方針を従業員に対して伝えることでもある。上司による WLB 支援制度の周知活動は，WLB 支援制度の利用を促進すると指摘されている（Casper, Sitzmann, & Landy, 2004）。WLB 支援制度の要件を周知するだけでなく，制度の利用状況や効果について従業員に伝えることにより，従業員の手続き的公正が高まることが期待される。

「苦情処理」制度を充実させることは，制度の恩恵を受けない同僚従業員の手続き的公正を高めることになる。たとえば育児休暇制度の利用者が出現した場合，人手不足を補うか，業務の削減を行うなどの対応が求められる。もし，制度利用者の出現によりある係の業務負担が増加した場合でも，苦情を申し立てることにより，一時的に他の係の従業員に手伝ってもらうなどの対応を取ることにもつながるだろう。そのため，組織内に苦情申立てする仕組みが存在すれば，スムーズな対応が可能となり，同僚従業員の手続き的公正が高まることになる。

WLB 施策の策定にあたって，経営サイドが支援制度と経営戦略との関連性について説明するだけでなく，従業員の意見を「発言・参加」という形で施策の策定に反映させると，手続き的公正を高めることになる。外部のステークホルダーから正当性を認めてほしいため，話題になっているという理由で WLB 支援制度を導入するという説明が，新制度派組織理論[4]によってなされている（e.g., Goodstein, 1994; Ingram & Simons, 1995）が，このように従業員のニーズを踏まえず制度を導入した組織においては手続き的公正の知覚が低いと考えられるので，WLB 支援制度の必要性を組織全体で認識することが必要となる。このように，従業員が自分の属する組織で導入および運用される WLB 施策に対して「発言・参加」をすることは，手続き的公正を高めることにつながる。

---

4) 新制度派組織理論は，制度的な環境要因から受ける同調圧力を重視する組織研究についての理論である。

(3) 相互作用的公正

　制度の恩恵を受けない従業員が，WLB 支援制度を支援するための，相互作用的公正を高めるには，組織の上層部が大きな価値を置いているということを伝え，職場の上司が日々の業務の中で職場で実現できる取り組みを行うとともに，職場の運用状況を上司を通じてフィードバックしていくことが必要である。PA と同様，WLB においても上層部の考えや，経営戦略の一環として職場に伝えることにより相互作用的公正の知覚が高まる。大久保・石原（2014）は，ダイバーシティ・マネジメントを実践するにあたって，まずトップが率先して社員にメッセージを伝えるなど積極的に取り組み，戦略として定着したのちに草の根レベルで取り組むことが必要であると指摘している。WLB 施策がうまく円滑に運用されるためにも，まず積極的に関与している姿勢を伝える必要がある。その一方で，画一的に WLB 支援制度の利用率向上などを求めると，職場によってはかえって制度利用者の周囲の従業員にとって，負担増加にもつながりかねない。そのため，戦略として重要な部分を絞ったうえで，職場の実態に合わせることができるよう権限移譲する必要がある。

　こうした上層部の取り組みに加えて，職場の上司の役割も重要である。特に，LMX（上司と部下との社会的交換関係）を高めることにより，部下は上司から大切に扱われていると知覚し，相互作用的公正が高まると考える。本書の第 4 章および第 5 章でも，WLB 支援制度の利用者が出現した場合，上司との良好な関係や上司からの仕事の支援が，WLB 支援制度の利用に対する寛容度を向上させることを示している。また，Masterson, Lewis, Goldman, et al.（2000）は，相互作用的公正に対する知覚は，LMX が良好となることを通じて，職務に満足するとともに担当外の職務にも積極的に取り組むようになることを示している。これは，LMX が良好であれば，上司による職場のマネジメントをはじめ，全般的な職務の満足度も高い（Gerstner & Day, 1997）ので，WLB 支援制度に対する寛容度が組織全体で高まるためと考えられる。

第6章　同僚従業員の態度

6.4　小括

　従業員がWLB支援制度を利用することに対して，周囲の従業員の寛容度を高める要因については，これまであまり研究されてこなかった。彼らの寛容度を高めることにつながるリソースについては，第4章および第5章で検証したものの，さらにどのようなリソースが寛容度を高めることにつながるか別の角度からも研究を行う必要があった。

　そのため，本章では他の人事制度に注目した。WLBと同様に恩恵を受ける者とそうでない者に分かれることから，PA制度に対する非受益者の心理についての知見を手掛かりに，どのような条件のもとで従業員はWLB支援制度の利用に対して寛容となるかについて整理した。

　従業員のPA施策に対する反応については，利益・不利益の度合い，施策の目的と価値観との整合性，公平意識の3つに分けて説明した。施策によってどの程度不利益を生じると受け止めるかが重要であった。価値観と施策の目的との整合性に関しては，同じ施策であっても，施策の目的に対してどのような思いを持っているかがPAに対する態度に影響することを説明した。公平意識については，分配的公正，手続き的公正，相互作用的公正のいずれもPAに対する態度に影響を与えることを説明してきた。

　そのうえで，WLBについてもPAと同様に，利益・不利益の度合い，価値観と施策の目的との整合性，公平意識によって影響が異なることを説明した。施策の影響度合いに関して，WLBについてはニーズによって施策に対する受け止め方やWLBに対する支援度が異なる可能性も指摘した。公平意識についてはPAと同じく，分配的公正，手続き的公正，相互作用的公正のいずれも周囲の従業員のWLB支援に影響する可能性がある。こうした従業員のリソースが高まることで，恩恵を受ける度合いの少ない従業員であっても，WLB支援制度の利用に対して寛容となるだろう。

　本章の大きな意義は，これまで結び付けられてこなかったWLB支援の

6.4 小括

研究と PA 研究の知見を結びつけた点にある。WLB 支援制度の恩恵を受けない従業員についての知見はこれまで少なかった。一方，PA に対する従業員の心理に与える要因については研究が積み重ねられてきた。本章では，PA と同様に WLB においても，恩恵を受けない従業員が組織内に存在するという構造が共通していることに着目したことによって，WLB における同僚従業員の心理について分析を加えることができた。

特に，PA について研究することにより，従業員の職場環境だけでなく，上層部の姿勢や従業員間の草の根レベルの取り組みも，WLB 支援制度利用者の周囲にいる従業員の心理に影響を与えることを示した。職場における従業員の相互作用的公正を高めるためにも，上層部が積極的に取り組む姿勢を示すだけでなく，どのようなことが戦略として必要か取捨選択し，職場で柔軟な運用ができるよう努めていくことが求められる。また，WLB の制度創設や運用にあたっては，職場の従業員も草の根レベルで参加できるようにすることが，従業員の手続き的公正を高める。このように組織内において，上層部からの取り組みと，草の根レベルからの取り組みの両方を行っていることが，WLB を実現する職場づくりにとって必要となる。

また，本章の結果は，わが国の PA 施策を職場で実施するにあたっても役立つ。わが国は一部の先進国と比較して PA の導入が遅れていたことから，PA を導入することによる従業員の心理的反応についての研究はほとんどなされてこなかった。労働力人口の不足を補うためや組織におけるダイバーシティ（多様性）促進のため，今後はわが国でも PA を導入する企業が増加すると考えられるが，それに伴い女性を優遇する PA に対する男性従業員の不満などが問題となるだろう。そのため，本章で整理した内容がこの分野の研究に役立つ。

一方，本章では WLB 支援制度の恩恵を受けない同僚従業員の心理を分析するために PA 施策の知見を用いたが，PA と WLB 支援制度には構造的な共通点だけではなく相違点も存在する。大きな違いは恩恵を受ける対象者が固定されているかどうかである。PA と異なり，WLB 支援制度におい

第6章　同僚従業員の態度

ては受益者と非受益者の構造が流動的である。このため，個々の従業員にとって，どの程度までWLBが自分の利益に関わってくるかにより，認識に違いがでてくる可能性がある。たとえば，育児休暇制度などのWLB支援制度については，たとえ現時点ではニーズがなくても将来的なニーズが発生する場合もあるし，また逆のケースもあるだろう。そのため，PAとは異なり，個々の従業員が自分の現在の利益と将来の利益をどのように比較考量するかについて考慮する必要がある。従業員が将来価値をどう受け取るか，その受け取り方の違いを踏まえたうえで，今後の研究の方向を考える必要があるだろう。このほか，本章においてはPA施策の非受益者の心理について，日本の企業や官公庁を対象に行われた研究ではなく，研究蓄積のある諸外国における研究から得た知見を用いているため，日本の実情とは異なる結果が出ている可能性もある。わが国の状況を十分に踏まえたうえで，WLB支援制度の恩恵を受けない従業員の反応を考える必要があるが，そのためにはPAをはじめとする人事制度に対する意識について，わが国と諸外国との違いを考慮にいれる必要があるだろう。

　また，本章では，WLB支援制度の恩恵を受けない従業員に焦点を当てたが，今回参考にしたPA施策に対する従業員の態度に影響する要因については，PA施策の恩恵を受ける立場の従業員についても研究が蓄積されている。既に述べたように，女性が優遇されるPA施策についても，従業員の価値観次第では，施策を支持する度合いに違いが出る（Heilman & Alcott, 2001）。PAと同様に，WLB支援制度によって恩恵を受ける立場の従業員であっても，制度を利用すると組織内で低い立場に見られると意識する可能性があり，WLB支援制度の利用を妨げる要因にもなりうる。こうしたPAの研究知見を踏まえたうえで，WLB支援制度の恩恵を受ける制度利用者の心理について探っていくことも必要である。

　ここまで，WLB支援制度の恩恵を受けない上司および同僚従業員が，寛容度を高めることにつながる要因について述べてきた。特に，寛容度を高めるにあたり，従業員にとって必要となるリソースは何かということを手

6.4 小括

掛かりに，職場での WLB が実現する条件について明らかにした。これまでの分析結果を踏まえて，第 7 章ではこれまでの研究を総括し，本書の貢献，限界，および今後の研究課題について述べていく。

第7章
総　　括

従業員のWLBを実現することは，社会的，政策的にも重要となっており，企業や官公庁では，そのためのWLB施策を拡充させている。また，実務面だけでなく，学術的にもWLBに関する研究が蓄積されてきたものの，これまでは，WLB支援制度の利用者本人に焦点を当てたものが多かった。一方，職場ではWLB支援制度の利用率が低く，制度が十分活用されていないという課題がある。その理由として，本書はWLB支援制度の利用者の周りにいる従業員の存在が重要であると考えた。実際，WLB支援制度の利用者の周りには，WLB支援を利用する必要性がほとんどない従業員や，WLB支援制度の直接的な恩恵を受けることがない従業員などが多数存在するが，彼らを対象にした研究は少なかった。もし，従業員がWLB支援制度を利用しようとしても，周囲の従業員に配慮することで，WLB支援制度を利用することを躊躇したり，WLB支援制度を利用しないようになるとともに，周囲をとりまく上司や同僚従業員の負担が増加することで，彼らの不公平感が高まり職務態度が悪化しうる。本書では，WLB支援制度利用者の周囲の従業員の職務環境によっては，職場においてWLBを促進するようになると予想した。そのうえで，WLB支援制度の周囲の従業員である上司や同僚従業員が，WLB支援制度を利用することについて肯定的となることにつながる要因について探り，モデルを構築することを目的として研究を行った。

以下，本研究の最終章として，これまでの研究結果を再度振り返るとともに，本書の意義，限界および今後の研究課題について述べる。

7.1 本書の概要

7.1.1 WLB支援の効果

研究目的を述べた第1章に続き，前半部分の第2章および第3章では，企業などの組織がWLB支援施策を整備し，制度の利用を促進することに

第7章　総括

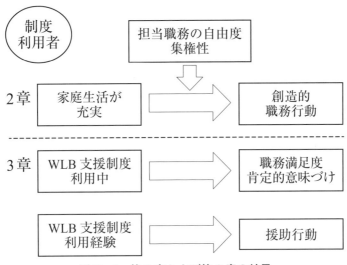

図7-1　第2章および第3章の結果

よって，組織や職場のパフォーマンスが向上するかどうかについて，仮説を導出して，実証研究を行った。これは，WLB支援制度を利用する効果が認められてこそ，職場でWLB支援制度を利用することを推進する意義が大きいと認められるためである。第2章および第3章の結果を図7-1に示す。第2章において，家庭生活からのリソースが高まれば創造的な職務行動を行うこと，特に創造性を発揮しづらい職場環境において家庭生活のリソースの効果が高まることを示した。第3章では，会社などの組織が提供するWLB支援制度を利用することの効果について検証した結果，WLB支援制度を利用中の従業員は，職務満足度の向上と，仕事に対して肯定的な意味づけが高まること，WLB支援制度を利用した経験がある従業員は，周囲の従業員を手助けする援助行動が高くなることが示された。WLB支援制度を利用することによって，制度利用中にとどまらず，WLB支援制度を利用した後も長期間にわたって，職場の生産性を高めるようになることを示した。以上のとおり，本書の前半部分では，従業員がWLB支援制度を利用することによって，家庭生活だけでなく、職場内での生産性や職務

7.1 本書の概要

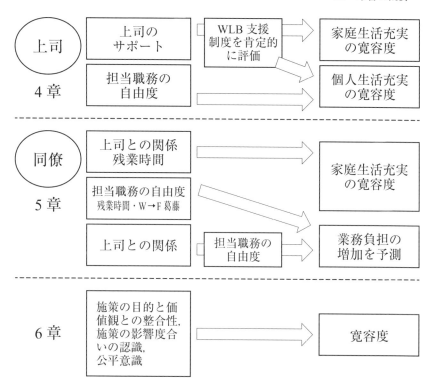

図7-2　第4章から第6章の結果

態度の向上といった経営上の意義が示された。

7.1.2　周囲の従業員の心理に影響する要因

　第4章から第6章の結果示された内容を図7-2に示す。まず，第4章は，部下がWLB支援制度を利用することについて，上司が寛容となるための条件について，実証研究を行った。その際，ライフを，家庭生活と個人生活に分けた上で，寛容となるためのリソースについて分析を行った。また，第5章において，職場内にWLB支援制度の利用者が出現した際に，同僚従業員の態度に影響を与える要因，ひいてはWLBを実現できる職場要因について，仮説を構築したうえで実証研究を行った。

153

第7章　総括

　まず，職場でWLB支援制度を利用する，もしくは利用しようとする従業員が出現する。これにより，上司や同僚従業員は，制度利用者の仕事を肩代わりすると考えて，心理的な余裕を失い，時間や心身の健康などのリソースが減少する。このため，上司や同僚従業員は心理的な余裕を失い，不公平感を抱くことにより，WLB支援制度の利用に対する寛容度も低くなる。

　このようにWLB支援制度利用者に対する寛容度が低くなっても，リソースを高めることによって寛容になることは既存の理論が示している。ストレス理論の資源保存理論やJD-Rモデルによれば，別のリソースを手に入れることによって，リソースの減少を補うことができる。また，仕事で得られるアウトカムと仕事に投入するインプットの比率を比較することにより不公平感を抱くとするAdams (1965) の衡平理論によれば，インプットが減少することにより，同僚従業員の不公平感は低減する。

　本書では仮説検証の結果，上司や同僚従業員は，リソースが高まることによって，WLB支援制度を利用することについて寛容となることを示した。また，同じWLB支援制度であっても，ライフの内容によって，WLB支援制度利用者である部下に対して寛容となることにつながるリソースが異なることを示した。具体的には，ミドルマネジャーは上司から仕事の支援を受けると家庭生活を充実することの寛容度が高まること，および担当職務の自由度が大きいと，個人生活を充実することの寛容度が高まることを示した。特にライフのうち家庭生活については，同僚従業員を研究対象とした第5章でも，上司との関係性が寛容度に関連する結果を示した。こうした違いが生じた要因は，どのようなライフを充実させるかにより，職場に与える影響の大きさや，組織全体での理解度が異なるため，周囲の従業員にとって寛容度を高めるために重要なリソースが異なるためである。

　さらに，どのようなリソースが重要であるかについては，第6章で示したとおり，施策の利益・不利益度合い，価値観と施策目的との整合性，および公平意識についても関連している。特に，組織の上層部がどのように

関わるかや，従業員自身が草の根レベルで職場の従業員が制度の創設や運用に関わったかということも，WLB 支援制度利用者の恩恵を受けることの少ない従業員の心理に影響を与える。

一方，同僚従業員は，LMX が高くなると担当する職務の裁量度合いが高くなり，WLB 支援制度利用者の出現に伴う業務負担を低く見積もった。この結果，業務負担予測を高める要因と寛容度を低下させる要因とは同一ではないことを示した。すなわち，上司や同僚従業員は業務負担が増えると予測したとしても，必ずしも制度利用者に対する寛容度が低下するとは限らない。

以上が，本書の後半部分を整理したものである。

7.2 本書の学術的貢献

本書は，WLB 研究だけでなく，それ以外の人的資源管理の分野や組織論，行政に関する研究にも学術的貢献を有する。

7.2.1 WLB 研究

まず，WLB 研究においてこれまで多くの焦点が当てられてきた WLB 支援制度の利用者本人だけでなく，本書では WLB 支援制度の利用者の周りにいる従業員も対象にした。WLB 支援制度利用者の周囲の従業員は，重要な存在にも関わらず，これまで，WLB の恩恵を受けない従業員に焦点を当てた実証研究はほとんどなかった。また，上司の寛容度についても，部下の属性やどのような存在であるかという研究はあったが，上司自身のリソースに着目した研究ではなかった。本研究では，従業員のリソースに着目して実証分析を行うことにより，恩恵を受けない上司や同僚従業員であっても，リソースによっては寛容度が高まるようになることを示した点で意義を有する。

第7章　総括

　また，WLB の調査についても，育児など家庭生活を支援することについての研究に偏っていた（Özbilgin et al., 2011）。本研究では，実証研究の結果，寛容度を高めるリソースは，ライフの内容によって異なる可能性を示した。これは，WLB 支援制度利用者が家庭生活もしくは個人生活のいずれを充実させるかにより，周囲の従業員への影響度合いや理解度が異なること，このため周囲の従業員が重要と認識するリソースが異なることを示している。本研究は，従業員のリソースと WLB のライフの内容との組み合わせの重要性を指摘した点において，非常に貴重な研究である。

7.2.2　人的資源管理論

　本書の結果は，WLB 以外の他の人的資源管理の分野でも大きな意義がある。WLB や PA 以外にも，従業員によって制度の恩恵を受ける度合いが異なる人事制度は多い。たとえば，優秀な人材の確保や従業員の能力発揮のために，タレント・マネジメント[1]のように一部の従業員を優遇する人事が増えている（八代，2014）。こうした人事制度のもと，一部の従業員を特別扱いすると，他の従業員は不当な取扱いを受けていると知覚して，職務態度や生産性が低下することにもつながる（Marescaux, De Winne, & Sels, 2013）。一部の従業員を優遇する人事制度のもたらす弊害を緩和するために，恩恵を受ける度合いが異なる点に着目した本書の知見を活かすことができる。

　特に，わが国では，一つの職場内に多様な人材を抱えるようになってきている。近年は仕事以外のライフを重視する従業員や，育児や介護，個人生活との両立を望む従業員が増えている。こうした従業員をマネジメントするために組織の人事制度自体が細分化していく（Huselid & Becker, 2011）。わが国でも，勤務地限定や短時間勤務など正社員の勤務形態が多様化する

---

[1] タレント・マネジメントとは，「組織に優れたパフォーマンスをもたらす才能や資質を有した人材を選定し，長期的かつ戦略的に育成・活用すること」（厨子，2009, p. 117）のことをいう。

とともに，正社員や非正規従業員の雇用区分も多様化している (e.g., 今野・佐藤, 2009；今野, 2008；西村・守島, 2009)。

　組織内のダイバーシティ（多様性）を実現するために人事制度が細分化するにつれて，従業員間で不公平と認識する度合いが高まることがこれまでの調査や研究で示されてきた。労働政策研究・研修機構（2013）が行った調査では，勤務地限定の正社員の区分制度を導入することによって，従業員は区分間の処遇差に不満を抱く結果を示した。また，実証研究でも，パート従業員の質的な基幹労働化や，短時間勤務制度および非正社員の正社員化の制度導入によって，従業員の公正意識に影響を与える結果が示されてきた（島貫, 2007；平野, 2015）。

　こうした人事制度の導入や運用に伴う弊害を緩和するためには，本書と同様，恩恵を受ける度合いの異なる従業員がいる職場を想定し，彼らの心理的要因に焦点を当てた研究を行うことが不可欠である。守島（2010a）は，職場でどのように人事制度が運用されているかどうかが，WLB，成果主義，非正規雇用のマネジメントの成否につながると指摘している。多大なコストをかけて人事制度を整備しても，かえって従業員の職務態度が悪化し，職場で活用されなければ意味がない。このため，職場や従業員の心理に注目をした研究を積み重ねていくことが必要である[2]。

　特に，本書は，従業員の上司からのサポートや質的な裁量度合いといった職場環境に配慮することや，個別の人事制度と従業員のリソースとの組み合わせが重要であることを示した。これについては，従業員によって重要となるリソースが異なるためであると考える。他の人事制度でも，組織全体における制度の必要性の認知度や，制度の目的についてどのように説

---

[2] ただし，様々な人事制度が存在するため本書の結果を適用することが比較的困難なものも存在する。たとえば，非正規雇用の従業員が正規雇用になることについては，一部の従業員にとっては待遇改善と受け止めるが，業務が多忙となりかえって待遇が悪化すると受け止める者もいるだろう。このため，調査対象となる人事制度について，従業員はどのように認識して何に価値を置いているか見極める必要がある。

第7章　総括

明されているかなどの点に注目して，具体的な人事制度と，従業員にとって重要なリソースとの組み合わせについて研究を行うことが必要である。

7.2.3　組織論

また，本書は，職場内において利害の異なる従業員間のコンフリクトを解消する方策を示し，組織論の分野でも意義を有する。日本では表立ったコンフリクトを避ける傾向があるが，多様な人材を活用していくためには，職場内でのコンフリクトが増加することを受け入れ，乗り越えていく必要がある（谷口，2005）。個人や集団間で生じた葛藤や対立があっても，従業員の協働，リソースの活用，調整に向けた努力を通じて，乗り越えていくことは組織論の主目的である（March & Simon, 1993）。ダイバーシティに伴い生じるコンフリクトを解消するためには，どのようなリソースが必要かを探っており，組織論研究の一つに位置づけられる。

本書と同様，March and Simon（1993）はリソースに着目してコンフリクトの生じるプロセスを説明している[3]。このうち，「個人間やグループ間のコンフリクト」（March & Simon, 1993）に即して，WLB支援制度利用者の周囲の従業員のコンフリクトが解消されるプロセスを，図7-3に沿って説明する。

WLB支援制度利用者の出現により，周囲の従業員のリソースは不足するようになるため，業績を達成できないようになる。このため，WLB支援制度の利用に寛容となることができず，職場内においてコンフリクトが生じる。その場合，利用可能な代替案を選ぶか，時間的な圧力が少ない場合はコンフリクトが解消できる。そこで，残業時間の減少や裁量度合いを高めて時間的な余裕が生じればコンフリクトは減少する。また，上司からの

---

3) March and Simon（1993）は，コンフリクトについて，「個人内のコンフリクト」，「個人間やグループ間のコンフリクト」，「組織間のコンフリクト」の3つに分けているが，職場内で上司，同僚，制度利用者の三者で成り立つ職場を対象にした本書は，「個人間やグループ間のコンフリクト」についての説明にあてはまる。

7.2 本書の学術的貢献

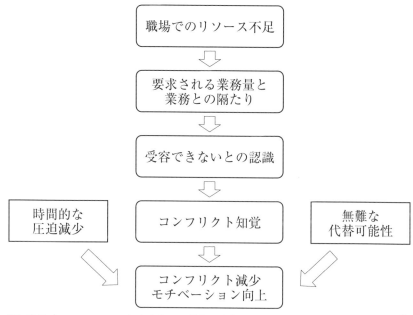

注) 高橋 (2014, p. 148, 153) をもとに，筆者が本書に関連する部分を選択して作成した[4]。

図7-3 組織内の個人的葛藤に影響する要因と反応 (March & Simon, 1993)

仕事の支援を受けるなど別の方法によっても，コンフリクトが低減する。このように WLB を実現するための障壁を乗り越えるのに March and Simon (1993) と同様，従業員のリソースに着目することが重要であることを本書は示している。

---

[4] March and Simon (1993) を翻訳した高橋 (2014) は "munificence of the environment" を「環境の気前良さ」と訳している。また，Castrogiovanni (1991, p. 542) は，"munificence of the environment" を「環境の中での社内で必要なリソースが少ないか多いかについての度合い」と説明している。本書では Castrogiovannni (1991, p. 542) を参考に "munificence of the environment" を「必要なリソースの不足度合い」と訳した。

第7章　総括

7.2.4　行政に関する研究

　さらに，本書は行政職員を対象とした数少ない組織行動論の研究という意義も有する。行政職員を対象とした研究は，政策や組織構造そのものなどを研究対象とした政治学・行政学の分野が中心であり，経営学の一分野である組織行動論・組織心理学をもとにした研究は少なかった（倉石・城戸, 2006）。一方で，地方公務員などの行政職員は行政の業務が増加しているにもかかわらず，人件費や職員数，昇進ポストが減っており（太田聰一, 2013；太田肇, 2013），従業員のやる気を高めて生産性の向上に貢献する研究を行う意義がある。本書は，職員がWLB支援制度を利用することで職務態度の向上や，援助行動が高まり，職場の生産性向上にも役立つことを示した。また，恩恵を受けることの少ない職員であっても，職場の時間管理や，従業員の担当職務の自由度，上司と部下との良好な人間関係が，WLB支援制度を利用しやすい良好な職場環境づくりに役立つことを示した。このように，本書は行政職員の職務態度および生産性向上をもたらす条件について研究しており，今後も同様の蓄積されることが求められる。

7.3　本研究の実務上の貢献

　本書は，重要な実務上の貢献も示した。まず，職場単位でWLB支援制度の対象となる従業員を取り巻く上司および同僚の視点に注目することによって，WLB支援制度の利用を促進していくうえでの実践的な指針につながる有意義な結果を得ることができた。新制度派組織理論に基づく考え方によれば，組織は，外部のステークホルダー（利害関係者）からの正当性を獲得するために，政策的にも話題となっている制度を採用することによって同型化していく傾向があり，WLB支援制度についても，その傾向によって普及したと考えられる（e.g., Goodstain, 1994; Ingram & Simons, 1995）。この場合，組織にとっては，WLB支援制度があるという事実が重要であ

り，それが実際に利用されるかどうかは別問題となる。いくら WLB 支援制度を利用することの直接的効果があるとしても，実際には利用しにくい制度であったり，利用を躊躇させるような職場風土が存在したりするならば，WLB 支援制度は形骸化してしまう。また，制度利用者本人にはプラスの影響を与えても，周囲の従業員の業務が増えることによるマイナス効果が生じるならば，これも本人が利用を躊躇する要因となる（佐藤・武石，2010）。実際，WLB 支援制度の利用を促進するためには，トップよりもむしろ現場をどのように納得させるかが課題であるという指摘もある（守島，2010）。したがって，職場の上司や同僚の視点から WLB 支援制度利用者の出現が追加的な業務負担の予測や制度利用者への寛容度にいかなる影響を与えるかについて吟味した本書は，WLB 支援制度の利用を職場において促進する要因を理解するうえで重要な意味を持つ。

　特に，本書は職場内でこれまで注目されることの少なかった WLB 支援制度の周りにいる従業員に着目し，従業員のとりまく職場環境によっては，WLB 支援制度の利用者を支援するようになることを示した。これまで，従業員が WLB を支援するかどうかは従業員の意識の問題であると指摘されてきた。確かに，第 6 章で指摘したとおり，従業員の価値観や信条は，WLB 支援制度利用者に対する寛容度合いに影響を与えるため，研修や意識啓発を行う意義はある。最近では，周囲の従業員や女性のキャリア形成にも配慮した WLB 支援制度の運用が行われつつあり[5]，こうした取り組みは意義が大きい。こうした取り組みに加えて，周囲の従業員のリソースに注目することも重要である。

　また，本書では，WLB 支援制度利用者について，ライフの内容によって寛容度を高める職場環境要因が異なることを示した。ライフを家庭生活と

---

5) たとえばわが国で女性活用や WLB 推進を先導してきた資生堂は，上司との個別面談を実施したうえで，短時間勤務社員でも土日出勤や遅番勤務なども行う人事制度改革を行った。この取組みが，周囲の従業員の不公平感緩和や，従業員のキャリアアップやモチベーション向上につながるかどうか，今後の推移を見守る必要がある。

第 7 章　総括

個人生活に分けて実証研究を行い，家庭生活と個人生活については寛容度を高めるリソースが異なった。WLB 施策を導入するには，組織の従業員のニーズに合った制度であることが必要である（西岡，2009）。そのためには恩恵を受けることの少ない従業員も含めて従業員が求めている WLB の内容や目的をまず把握すること，そのうえで職場では従業員にとって重要なリソースや信条・価値観と適合しているかについても，配慮をしていくことが効果的である。

　さらに，WLB を実現する職場を目指すためには，職場のマネジメントに加えて，上層部や草の根レベルの取り組みも必要である。上層部については，WLB の実現に強く関心を持っていること，戦略としてどのような点が重要であるか伝える必要がある。一方で，上層部が深く関心を持っていると認識することにより，かえって制度運用が柔軟でなくなり，職場にとって重荷となってはならない。上層部は，職場の現状や従業員の意識に敏感であるとともに，現状を最も理解している職場レベルに WLB の取組みを権限移譲していく姿勢も大事である。こうした上層部の取組みに加えて，草の根レベルで従業員が制度の創設や運用に関わっていくことにより，従業員の公平意識が高まり，制度が実効的に運用されることにつながる。

　そのほか，本書の前半部分では，資源保存理論や返報性の原理などを通じて，従業員は WLB 支援制度を利用することにより従業員の職務態度や職場での生産性が高まることを示した。家庭生活を充実させることにより，従業員の創造的職務行動が高まること，職場でのリソースに乏しい環境ほど効果が高まることを示した（第 2 章）。また，WLB 支援制度を利用した経験があると，援助行動が高くなり（第 3 章），これについては従業員が恩義を感じて周囲の従業員に恩返ししようとするためであると考える。これらのことから，たとえ一時的に職場でコンフリクトが生じるとしても，WLB の促進に向けて職場全体で取り組むことは大きな意義がある。こうした WLB 支援制度の利用による効果を高めるためにも，恩恵を受けることの少ない従業員のリソースに配慮することが不可欠である。

7.4　本書の限界点

　以上述べたような貢献があるものの，本書では，主に3つの限界点がある。これらの点を踏まえたうえで，今後の研究の進展が望まれる。

　まず，1つ目は，調査方法についてである。まず，本書で用いた調査はいずれも一時点での調査結果を分析している。本書で調査対象としたのは，地方公務員147名（第3章，第5章），民間企業に勤める1,483名のミドルマネジャー（第4章），従業員300人以上の民間企業に勤める564名の正社員（第2章）の3つである。いずれも一時点において調査しており，厳密に時間的な因果関係が存在するかどうかについてまでは示すことはできなかった。このため，今後の研究において，厳密な因果関係を確認するために，時系列の調査を行う必要がある。また，本書は，シナリオをもとにした回答を変数化して分析しており，実際にWLB支援制度の利用者が出現した場合と反応が異なる可能性がある。このため，短時間勤務制度を利用中の従業員の同僚など，WLB支援制度の利用者が現実にいる職場に絞って質問紙調査を行うことも必要である。さらに，第2章および第3章における，創造的職務行動や援助行動などの指標の作成において，従業員による自己評価の結果を用いて変数化している。このため，周囲の従業員が評価した結果とは異なる可能性があるため，上司や同僚からの評価をもとに変数化したうえで実証研究を行う必要がある。

　2つ目は，従業員をとりまく様々な職場要因のうち，本書では一部に絞って研究を行っている。本調査ではWLB支援制度をとりまく従業員の寛容度に影響をもたらす要因として，主に上司と，担当職務の自由度に焦点を当てたが，それ以外の要因についてはほとんど実証研究を行っていない。本書で研究した要因以外にも，利益・不利益の認知度，制度目的と信条・価値観との整合性，公平意識といった要因（第6章）や，従業員のこれまでの職務経験や家庭環境，職場の同僚従業員との関係などに注目して調

第7章　総括

査をする方向性が考えられる。また，周囲の従業員の心理に影響を与える要因のうち，最も強く影響を与える要因は何かについても調査を行うことが必要である。

3つ目は，様々な種類があるWLB支援制度の中でも，本書ではWLB支援制度の一部を対象として調査を行っている点である。WLB支援制度は，従業員によってWLB支援制度利用者に寛容となるものが異なる可能性がある。WLB支援制度のニーズがない従業員は，短時間勤務制度利用者に対する態度と，在宅労働者に対する態度は異なる可能性があり，寛容度を高める条件も異なるかもしれない。このため，特定のWLB支援制度に絞って調査を行うことや，WLB支援制度間の違いに着目して調査を行うことも考えられる。

7.5　今後の研究の方向性

最後に，今後の研究の方向性について述べる。

まず，上司と同僚従業員の違いに着目する研究の方向性がある。本書では，WLB支援制度利用者の上司と同僚従業員に共通する内容を整理している。こうした共通要因以外に，上司と同僚従業員で，WLB支援制度利用者に対する態度に与える要因の違いに焦点を当てた研究の方向性が考えられる。調査時点において，WLB支援制度の利用者が現実に存在する職場を対象に，WLB支援制度利用者，上司，同僚従業員の三者を対象として，質的調査を行うことも必要であろう。WLB支援制度利用者に対して，上司と同僚従業員は異なる態度を取る場合に，上司と同僚従業員で共通する要因は何か，あるいは上司と同僚従業員で異なる環境要因が明らかになる。

また，本書では正規雇用者を対象に調査を行ったが，短時間勤務正社員や非正規雇用者など雇用区分の違いを踏まえた研究の方向性もあるだろ

7.5 今後の研究の方向性

う。多様な区分の人材が増えていく中,非正規従業員の WLB も重要な課題であるが,非正規従業員は育児支援など正規雇用の従業員よりも WLB に関する支援が手薄であった。このため,従業員の雇用形態の違いによって,寛容度に影響を与える要因について検証を行う必要がある。

　また,本書の結果がわが国以外でも適用可能か研究する必要がある。たとえば,わが国では,「職務の定めのないメンバーシップ型」(濱口, 2011) であるという特徴を持つ。組織と従業員との間の心理的契約についても,長期的で社会的・心理的な側面も広く含む関係的特殊契約(蔡, 2002) や,欧米と日本型雇用の両方を反映した心理的契約(服部, 2008) と指摘されている。このため,たとえ本来の業務で忙しく,担当外の業務を肩代わりすることに対して寛容度が低くても,従業員は手を抜かず業務に取り組む可能性がある。一方,欧米のように業務内容が職務記述書で明記されている場合は,受けとめ方や職務態度が異なる可能性もある。こうした国民性の違いに着目した研究の方向性も考えられる。

　次に,WLB 以外の人事制度に焦点を当てた研究である。既に述べたとおり,従業員の多様化や,WLB と同様に,従業員によって人事制度の恩恵の受ける度合いが異なる人事制度についても本書の結果は役立つと予想する。たとえば,タレント・マネジメントを実践している企業で,どの程度人事制度の恩恵を受けていると知覚しているかという項目も含めて,質問紙調査や質的調査を行うことも必要であろう。特に,上司との関係性や,仕事の特性などのリソースの違いがどのように寛容度の違いに影響するかについて,研究を行う必要がある。

　さらに,本書で焦点を当てた職場環境マネジメントにより,どのようなプロセスで経営パフォーマンスを高めるかの研究も行う必要がある。上司や同僚従業員の寛容度が高まると,職場における生産性の向上が客観的な数字や指標で示されるかどうか検証する必要がある。その際,WLB 支援制度利用者,上司,同僚従業員の三者は,リソースの違いによって,職場での生産性や職務態度の向上につながるか研究する必要がある。これに加

第7章　総括

えて，どのような条件で，職場での取り組みが組織全体のパフォーマンス向上につながるか実証研究することにより，WLBを実現できる職場に向けた取組みは，経営上意義があることを示し，WLBの促進に大きく寄与することとなる。

　本書では，これまでほとんど注目されてこなかった，WLB支援制度利用者の周囲をとりまく従業員に焦点を当てて，WLBを実現できる職場の条件について実証研究を行った。WLB支援制度の利用者の周囲にいる上司や同僚従業員については，職場でのWLBの推進にとって重要な存在であるにもかかわらず，ほとんど研究対象とされてこなかった。今後，わが国では，労働力人口の減少により，仕事と育児の両立だけでなく，仕事と介護の両立なども大きな問題となると予想されており，どのように従業員のWLBを実現していくかについては重要な課題である。もし，周囲の従業員の不公平感を招き，職場内でコンフリクトが生じるのであれば，制度を導入しても逆効果となる。本書は，WLBを職場で実現するにあたり重要な存在であるが，見過ごされてきた彼らに着目して実証研究を行い，新たな知見をもたらした点で，非常に大きな意義を有する。

　今後，非正規従業員も含めて職場内に多様な人材が増加するとともに，従業員ごとに恩恵を受ける度合いが異なる人事制度が増加すると予測する。新たな人事制度を導入しても，職場での雇用慣行や価値観は急激には変化せず，周囲の従業員からの同調圧力やコンフリクトはますます強まる。本書は，WLBを実現する職場の条件に焦点を絞り研究を行ったが，他の人事制度を職場で運用するための方法を見出した。今後ますます従業員や人事制度の多様化が進展していくと予想される中，職場のコンフリクトの軽減，個々人のWLBの実現，および組織全体の競争力強化に，本書が貢献することができれば幸いである。

＜本書で用いた指標＞

　本書の第2章から第5章では，仮説を構築し，それに基づく質問紙調査の回答結果を実証分析した。本書ではこれまで，具体的な質問内容の文言について表中に記載していたが，ここで質問内容の文言を章および指標ごとに記載する。

第2章

・**F→W促進**

　家庭で誰かと話をすることが，仕事上の問題を処理するのに役立つ。

　家庭生活で必要なものを手に入れようとすることが，自分をより仕事熱心にさせる。

　家庭生活で愛され，尊敬されているため，仕事においても自分に自信が持てている。

　家庭生活ではリラックスして翌日の仕事に備えることができる。

・**職務自由度**

　仕事を進めていくにあたっては，独立性と自由度が高い。

　仕事を進めるにあたって，自分自身の主体性を発揮したり自分で判断できる機会が多い。

　仕事の進め方について，自分自身で決定できる部分が多い。

・**集権性**

　職場では従業員に影響を及ぼすような決定事項において，従業員からの提案を用いる。（逆転項目）

　職場では，従業員に積極的に新たな提案を出すように奨励している。（逆転項目）

　職場では，従業員に影響を及ぼす決定に際しては，従業員の思いを聞いてくれる。（逆転項目）

　職場では，従業員が意見を言う機会を設けている。（逆転項目）

・**公式性**

　自分の所属する職場には，たくさんのルールや規則がある。

第 7 章　総括

私たちの仕事には膨大な事務作業が伴う。

私たちの仕事は官僚的（お役所的）な手続きによって厳しく管理されている。

・創造的職務行動

仕事上の目的や目標を達成するための新しい手法を提案する。

業績を改善するような斬新で実用的な考えを思いつく。

新技術，新たな手順，新しい技法，新製品アイデアなどを探索する。

仕事の質を高めるための新たな方法を提案する。

創造的なアイデアをよく考えつく。

リスクを負うことを恐れない。

新たなアイデアを他の人に売り込んだり促進したりする。

機会さえ与えられれば創造性を発揮する。

新しいアイデアを実現するために適切な計画やスケジュールを組み立てる。

新しくて革新的なアイデアをよく思いつく。

問題が存在するときに創造的な解決策を思いつく。

問題に対して新鮮なアプローチをする。

仕事のタスクを行うための新しい方法を提案する。

第 3 章

・W → F 葛藤

家族と過ごしたい時間を，思っている以上に仕事にとられる。

仕事に時間が取られるため，家庭での責任や家事をする時間が取りにくい。

職務を果たすのに多くの時間を使うため，家族との活動ができないことがある。

仕事から帰った時，くたくたに疲れていて，家族といろいろなことをしたり，家族としての責任が果たせないことがよくある。

仕事から帰った時，精神的に疲れ切っていて，家族のために何もすることが出来ないことがよくある。

職場でのストレスのために，家に帰っても自分が好きなことさえ出来ないこ

とがある。

・援助行動

たくさんの仕事を抱えている仕事仲間がいても，その人を手伝わない。（逆転項目）

必要であればまわりの仕事仲間を手助けできるよう準備する。

業務にからむ問題を抱えている仕事仲間を手助けする。

自分から進んで新しく入ってきた仕事仲間が職場になじむようサポートする。

・仕事への肯定的意味づけ

自分の担当する仕事を見つめ直すことでやりがいある仕事と考える。

自分の担当する仕事を単なる作業の集まりではなく，全体として意味のあるものと考える。

自分の担当する仕事は，社会的に意義のあるものであるとは思わない。（逆転項目）

第4章

・担当職務の自由度

仕事の手順を自分で決めることができる。

仕事の量を自分で決めることができる。

・上司からの支援

あなたの上司はあなたの業務がうまく進むように支援してくれる。

あなたの上司とあなたはコミュニケーションがとれている。

あなたの上司はあなたの業務の面倒を最後までみる。

・WLB施策の弊害予測

企業がWLB施策を実施することは職場で従業員間に不公平が生じる。

企業がWLB施策を実施することは制度を利用する人の甘えがでてくる。

・家庭生活の充実に対する寛容度

（設問）

あなたは，職場の部下（正社員）が下記のような申し出をしてきた場合にど

第 7 章　総括

のように受け止めると思いますか。部下の能力水準別にあなたの受け止める気持ちをお答えください。（それぞれ一つだけ）※部下がいない場合には，そのような状況を想定してお答えください。
（平均よりも優秀な部下が申し出た場合）
1 年間の育児休業制度の利用をする。
親の介護のために 3 ヶ月の介護休業を利用する。
育児のために 1 日の労働時間を 2 時間短縮する短時間勤務制度を 2 年間利用する。
（平均よりも能力が劣る部下が申し出た場合）
1 年間の育児休業制度の利用をする。
親の介護のために 3 ヶ月の介護休業を利用する。
育児のために 1 日の労働時間を 2 時間短縮する短時間勤務制度を 2 年間利用する。

・**個人生活の充実に対する寛容度**
（設問）
あなたは，職場の部下（正社員）が下記のような申し出をしてきた場合にどのように受け止めると思いますか。部下の能力水準別にあなたの受け止める気持ちをお答えください。（それぞれ一つだけ）※部下がいない場合には，そのような状況を想定してお答えください。
（平均よりも優秀な部下が申し出た場合）
学校に通学するために毎週 2 日定時退社をする（残業できない）。
地域活動をするために毎週 2 日定時退社をする（残業できない）。
趣味の音楽活動をするために毎週 2 日定時退社をする（残業ができない）。
（平均よりも能力が劣る部下が申し出た場合）
学校に通学するために毎週 2 日定時退社をする（残業できない）。
地域活動をするために毎週 2 日定時退社をする（残業できない）。
趣味の音楽活動をするために毎週 2 日定時退社をする（残業ができない）。

第 5 章

・W → F 葛藤

家族と過ごしたい時間を，思っている以上に仕事にとられる。

仕事に時間が取られるため，家庭での責任や家事をする時間が取りにくい。

職務を果たすのに多くの時間を使うため，家族との活動ができないことがある。

仕事から帰った時，くたくたに疲れていて，家族といろいろなことをしたり，家族としての責任が果たせないことがよくある。

仕事から帰った時，精神的に疲れ切っていて，家族のために何もすることが出来ないことがよくある。

職場でのストレスのために，家に帰っても自分が好きなことさえ出来ないことがある。

・上司との社会的交換関係（LMX）

上司は私がかかえている問題やニーズを理解していない。（逆転項目）

上司は私の潜在的な能力・可能性を把握している。

上司がどれだけの権限を持っているかにかかわらず，その権限を私が仕事上で抱えた問題を解決するために使ってくれる。

上司がどれだけの権限を持っているかにかかわらず，私が真に助けが必要な時には救ってくれる。

上司を信頼しているので，上司が下した決定ならば，本人が不在であってもその決定を擁護し，納得してもらうようにする。

上司とあなたの関係はうまくいっていない。（逆転項目）

・担当職務の自由度

仕事の進め方について，自分自身で決定できる部分があまりない。（逆転項目）

仕事を進めていくにあたっては，独立性と自由度が高い。

仕事中，自分自身の主体性を発揮したり自分で判断できる場合が多い。

・業務負担予測

同僚が制度を利用することと自分の業務負担量とは関係がない。（逆転項

第 7 章　総括

目）
同僚が制度を利用することにより自分の業務負担が増えると思う。
・**利用寛容度**
同僚が制度を利用するのは働く者として当然の権利である。
必要性があっても制度を利用するのは遠慮すべきである。（逆転項目）
職場が忙しい時期は，一時的に制度を利用すべきでない。（逆転項目）

参考文献

阿部正浩・黒澤昌子（2008）「企業業績への影響」（佐藤博樹・武石恵美子編『人を活かす企業が伸びる―人事戦略としてのワーク・ライフ・バランス』第7章所収，勁草書房，pp.119-138）．

天野馨奈子（2008）「従業員のモチベーションへの影響」（佐藤博樹・武石恵美子編『人を活かす企業が伸びる―人事戦略としてのワーク・ライフ・バランス』第5章所収，勁草書房，pp.89-104）．

石塚由紀夫（2016）『資生堂インパクト―子育てを聖域にしない経営』日本経済新聞出版社．

今野浩一郎（2008）『人事管理入門（第2版）』日本経済新聞出版社．

今野浩一郎・佐藤博樹（2009）『マネジメント・テキスト 人事管理入門（第2版）』日本経済新聞出版社．

岩崎健二（2008）「長時間労働と健康問題―研究の到達点と今後の課題」『日本労働研究雑誌』575，39-48．

上田泰（2003）『組織行動研究の展開』白桃書房．

浦光博（1992）『支えあう人と人―ソーシャル・サポートの社会心理学』サイエンス社．

大久保幸夫・石原直子（2014）『女性が活躍する会社』日本経済新聞出版社．

大沢真知子（2015）『女性はなぜ活躍できないのか』東洋経済新報社．

大沢真知子（2008）『ワークライフシナジー―仕事と生活の相互作用が変える企業社会』岩波書店．

太田肇（2013）「公務員の人事管理制度―二重比較からの考察」『日本労働研究雑誌』637，48-55．

太田肇（2011）『公務員革命』筑摩書房．

太田聰一（2013）「地方公務員給与の決定要因―一般市データを用いた分析」『日本労働研究雑誌』637，20-37．

奥林康司（2011）「QWL―QWLへの関心とその基本問題」『日本労働研究雑誌』609，26-29．

小倉一哉(2013)『「正社員」の研究』日本経済新聞出版社.
大森彌(2006)『官のシステム』東京大学出版会.
川口章(2008)「ポジティブ・アクションは有効に機能しているのか」『日本労働研究雑誌』573, 24-27.
川口章(2012)「昇進意欲の男女比較」『日本労働研究雑誌』620, 42-57.
上林憲雄・厨子直之・森田雅也(2010)『経験から学ぶ人的資源管理』有斐閣.
桑田耕太郎・田尾雅夫(1998)『組織論』有斐閣.
厚生労働省(2013)『平成25年就労条件総合調査』.
厚生労働省(2014a)『平成25年度雇用均等基本調査(確報)事業所調査』.
厚生労働省(2014b)『平成25年度育児休業制度等に関する実態把握のための調査研究事業報告書』.
倉谷尚孝・城戸康彰(2006)「行政組織における組織コミットメント―組織コミットメントの先行要因と結果要因の実証研究」『産能大学紀要』26(2), 55-71.
小杉正太郎(2002)『ストレス心理学―個人差のプロセスとコーピング』川島書店.
小林章雄(2001)「職業性ストレスと労働者の健康」『日本労働研究雑誌』88, 4-13.
坂田桐子(2008)「組織とジェンダー」(青野篤子・赤澤淳子・松並知子編『ジェンダーの心理学ハンドブック』第2部第5章所収, ナカニシヤ出版, pp. 167-186).
坂爪洋美(2002)「ファミリー・フレンドリー施策と組織のパフォーマンス」『日本労働研究雑誌』, 503, 29-42.
坂爪洋美(2007)「管理職の両立支援策への理解が部門に与える影響―「役割受容」を中心に」『組織科学』41(2), 5-18.
坂爪洋美(2009)「ワーク・ライフ・バランス施策に対する管理職の認識がリーダーシップ行動に与える影響」『経営行動科学』22(3), 205-221.
坂爪洋美(2012)「人材の多様な活躍を支えるワーク・ライフ・バランスが開く可能性」(古川久敬・山口裕幸編『〈先取り志向〉の組織心理学―プロアクティブ行動と組織』第7章所収, 有斐閣, pp. 194-223).
佐藤博樹・武石恵美子編(2008)『人を活かす企業が伸びる―人事戦略としてのワーク・ライフ・バランス』勁草書房.
佐藤博樹・武石恵美子(2010)『職場のワーク・ライフ・バランス』日本経済新聞出版社.
佐藤博樹・藤村博之・八代充史(2015)『新しい人事労務管理(第5版)』有斐閣.
島貫智行(2007)「パートタイマーの基幹労働力化が賃金満足度に与える影響―組織内公正性の考え方を手がかりに」『日本労働研究雑誌』568, 63-76.

参考文献

人事院（2016）『平成 27 年度年次報告書』.
厨子直之（2009）「タレント・マネジメントは人的資源管理の新展開になりうるか？」『日本労働研究雑誌』584，116-117.
関口倫紀（2009）「大学生のアルバイト経験とキャリア形成」『日本労働研究雑誌』602，67-85.
関口倫紀・林洋一郎（2009）「組織的公正研究の発展とフェア・マネジメント」『経営行動科学』22(1)，1-12.
武石恵美子（2006）「企業からみた両立支援策の意義―両立支援策の効果研究に関する一考察」『日本労働研究雑誌』553，19-33.
武石恵美子（2007）「地方公共団体にとってのワークライフバランス」『地方公務員月報』527，2-11.
武石恵美子（2009）「ワーク・ライフ・バランス実現に向けた職場のマネジメントの課題」（連合総合生活開発研究所編『広がるワーク・ライフ・バランス―働きがいのある職場を実現するために』第 3 章所収，pp. 79-94）.
武石恵美子（2012）「ワーク・ライフ・バランスを実現する職場マネジメント」（武石恵美子編『国際比較の視点から日本のワーク・ライフ・バランスを考える―働き方改革の実現と政策課題』第 5 章所収，pp. 147-94）.
谷口真美（2005）『ダイバシティ・マネジメント―多様性をいかす組織』白桃書房.
蔡芢錫（2002）「心理的契約の違反と人的資源管理システムの変革戦略」『組織科学』35(3)，73-82.
ニッセイ基礎研究所（2003）『男性の育児休業取得に関する研究会報告書』.
西岡由美（2009）「WLB 支援制度・基盤制度の組み合わせが決める経営パフォーマンス」『日本労働研究雑誌』583，60-67.
西村孝史・守島基博（2009）「企業内労働市場の分化とその規定要因」『日本労働研究雑誌』586，20-33.
日本経済団体連合会（2012）『ミドルマネジャーをめぐる現状課題と求められる対応』.
労働政策研究・研修機構（2013）『「多様な正社員」の人事管理に関する研究』労働政策研究報告書 158.
沼上幹（2003）『組織戦略の考え方』筑摩書房.
服部泰宏（2008）「日本企業における心理的契約の探索的研究―契約内容と履行状況，企業への信頼に対する影響」『組織科学』42(2)，75-88.
濱口桂一郎（2011）『日本の雇用と労働法』日本経済新聞出版社.

濱口桂一郎（2015）『働く女子の運命』文藝春秋社．

原ひろみ・佐藤博樹（2008）「労働時間の現実と希望のギャップからみたワーク・ライフ・コンフリクト―ワーク・ライフ・バランスを実現するために」『家計経済研究』79，72-79．

開本浩矢・和多田理恵（2012）『クリエイティビティ・マネジメント―創造性研究とその系譜』白桃書房．

平野光俊（2015）「労働契約法改正の『意図せざる結果』の行方―小売業パート従業員の分配的公正感を手がかりとして」『労働研究雑誌』665，47-58．

藤本哲史（2007）「ファミリー・フレンドリーな職場環境が従業者モラールに及ぼす影響―男女比較分析」『日本労務学会誌』9(1)，16-30．

藤本哲史・新城優子（2007）「企業のファミリー・フレンドリー制度に対する従業者の不公平感」『組織科学』41(2)，19-28．

藤本哲史・脇坂明（2008）「従業者のワーク・ライフ・バランス意識：仕事要求度―コントロールモデルに基づく検討」『學習院大學經濟論集』45，223-267．

藤本哲史（2009a）「従業者の仕事特性とワーク・ライフ・バランス」『日本労働研究雑誌』583，14-29．

藤本哲史（2009b）「ワーク・ライフ・バランスと企業組織への課題」（佐藤博樹編『人事マネジメント』第5章所収，ミネルヴァ書房，pp. 133-160）．

松原光代（2010）「ワーク・ライフ・バランスが実現できる職場要因の検討―管理職と部下による業務遂行過程の合意の重要性」『学習院大学大学院研究論集』18(1)，71-82．

真渕勝（2009）『行政学』有斐閣．

守島基博（1997）「新しい雇用関係と過程の公平性」『組織科学』31(2)，12-19．

守島基博（2004）『人材マネジメント入門』日本経済新聞出版社．

守島基博（2010a）「社会科学としての人材マネジメント論へ向けて」『日本労働研究雑誌』600，69-74．

守島基博（2010b）『人材の複雑方程式』有斐閣．

森田雅也（2013）「境界決定の自律性とワーク・ライフ・バランス」『国民経済雑誌』208(1)，1-19．

連合総合生活開発研究所（2009）『広がるワーク・ライフ・バランス―働きがいのある職場を実現するために』．

安田宏樹（2012）「管理職への昇進希望に関する男女間差異」『社会科学研究』64(1)，

134-154.

八代充史（2014）『人的資源管理論（第2版）』中央経済社.

山口一男（2009）『ワークライフバランス―実証と政策提言』日本経済新聞出版社.

勇上和史・佐々木昇一（2013）「公務員の働き方と就業動機」『日本労働研究雑誌』637, 4-19.

吉田典史（2014）『悶える職場―あなたの職場に潜む「狂気」を抉る』光文社.

労働政策研究・研修機構（2013）『正社員のキャリアと両立支援に関する調査結果』JILPT調査シリーズ, No. 106.

脇坂明（2002）「育児休業制度が職場で利用されるための条件と課題」『日本労働研究雑誌』, 44(6), 4-14.

脇坂明（2008）「均等度とファミフレ度の関係からみた企業業績」（佐藤博樹・武石恵美子『人を活かす企業が伸びる―人事戦略としてのワーク・ライフ・バランス』第6章所収, 勁草書房, pp. 105-118).

渡井いずみ・錦戸典子・村嶋幸代（2006）「ワーク・ファミリー・コンフリクト尺度（Work-Family Conflict Scale：WFCS）日本語版の開発と検討」『産業衛生学雑誌』48, 71-81.

渡辺峻（2009）『ワーク・ライフ・バランスの経営学―社会化した自己実現人と社会化した人材マネジメント』中央経済社.

Adams, J. S. (1965). Toward an understanding of inequity. *Journal of Abnormal and Social Psychology*. 67, 422-436.

Aiken, L. S. & West, S. G. (1991). *Multiple regression: Testing and interpreting interactions*. Newbury Park, CA: Sage.

Allen, T. D. (2001). Family-supportive work environments: The role of organizational perceptions. *Journal of Vocational Behavior*, 58, 414-435.

Amabile, T. M., Conti, R., Coon, H., Lazenby, J., & Herron, M. (1996). Assessing the work environment for creativity. *Academy of Management Journal*. 39, 1154-1184.

Anderson, S. E., Coffey, B. S., & Byerly, R. T. (2002). Formal organizational initiatives and informal workplace practices: Links to work-family conflict and job-related outcomes. *Journal of Management*, 28, 787-810.

Bakker, A. B., Demerouti, E., & Euwema, M. C. (2005). Job resources buffer the impact of job demands on burnout. *Journal of Occupational Health Psychology*, 10(2), 170-180.

Bakker, A. B. & Demerouti, E. (2007). The job demands-resources model: State of the art.

Journal of Managerial Psychology, 22(3), 309-328.

Bakker, A. B., van Veldhoven, M., & Xanthopoulou, D. (2010). Beyond the demand-control model: Thriving on high job demands and resources. *Journal of Personnel Psychology*, 9(1), 3-16.

Bakker, A. B., ten Brummelhuis, L. L., Prins, J. T., & van der Heijden, F. M. (2011). Applying the job demands-resources model to the work-home interface: A study among medical residents and their partners. *Journal of Vocational Behavior*, 79(1), 170-180.

Balmforth, K. & Gardner, D. (2006). Conflict and facilitation between work and family: Realizing the outcomes for organizations. *New Zealand Journal of Psychology*, 35, 69-76.

Baron, R. M. & Kenny, D. A. (1986). The moderator-mediator variable distinction in social psychological research: Conceptual, strategic, and statistical considerations. *Journal of Personality and Social Psychology*. 51(6), 1173-1184.

Beauregard, T. A. & Henry, L. C. (2009). Making the link between work-life balance practices and organizational performance. *Human resource management review*, 19(1), 9-22.

Blau, P. M. (1964). *Exchange and power in social life*. New York: Wiley. （間場寿一・居安正・塩原勉訳（1974）「交換と権力—社会過程の弁証法社会学」新曜社）.

Bloom, N. & Van Reenan, J. (2006). Management practices, work-life balance, and productivity: A review of some recent evidence. *Oxford Review of Economic Policy*, 22, 457-482.

Brower, H. H., Schoorman F. D., & Tan H. H. (2000). A model of relational leadership: The integration of trust and leader-member exchange. *The Leadership Quarterly*. 11(2), 227-250.

Carlson, D. S, Kacmer, K. M., & Williams L. J. (2000). Construction and initial validation of a multidimensional measure of work-family conflict. *Journal of Vocational Behavior*, 56, 249-276.

Carlson, D. S., Kacmar, K. M., Wayne, J. H., & Grzywacz, J. G. (2006). Measuring the positive side of the work-family interface: Development and validation of a work-family enrichment scale. *Journal of Vocational Behavior*, 68(1), 131-164.

Casper, W. J., Fox, K. E., Sitzmann, T. M., & Landy, A. L. (2004). Supervisor referrals to work-family programs. *Journal of Occupational Health Psychology*, 9, 136-151.

Castrogiovanni, G. J. (1991). Environmental munihcence; A theoretical assessment. *Academy of Management Review*, 16(3), 542-565.

Chang, A., McDonald, P., & Burton, P. (2010). Methodological choices in work-life balance research 1987 to 2006: A critical review. *The International Journal of Human Resource Management*, 21(13), 2381-2413.

Cohen, J. (1978). Partialed products are interactions; Partialed vectors are curve components. *Psychological Bulletin*, 85, 858-866.

Cohen, J. R. & Single, L. E. (2001). An examination of the perceived impact of flexible work arrangements on professional opportunities in public accounting. *Journal of Business Ethics*, 32, 317-328.

Cohen, S. & Wills, T. A. (1985). Stress, social support, and the buffering hypothesis. *Psychological Bulletin.* 98(2), 310-357.

Colquitt, J. A., Conlon, D. E., Wesson, M. J., Porter, C. O., & Ng, K. Y. (2001). Justice at the millennium: A meta-analytic review of 25 years of organizational justice research. *Journal of Applied Psychology*, 86, 425-445.

Conway, E. & Monks, K. (2011). Change from below: The role of middle managers in mediating paradoxical change. *Human Resource Management Journal*, 21(2), 190-203.

Crosby, F. J., Iyer, A., & Sincharoen, S. (2006). Understanding affirmative action. *Annual Review of Psychology.* 57, 585-611.

Dalton, D. R. & Mesch, D. J. (1990). The impact of flexible scheduling on employee attendance and turnover. *Administrative Science Quarterly*, 35, 370-387.

Demerouti, E., Bakker, A. B., Nachreiner, F., & Schaufeli, W. B. (2001). The job demands-resources model of burnout. *Journal of Applied Psychology*, 86(3), 499-512.

Dex, S., Smith, C. & Winter, S. (2001). Effects of family-friendly policies on business performance. *Reserch papers in management studies.* University of Cambridge of Judege institute of management studies WP.

Dunegan, K. J., Duchon, D., & Uhl-Bien, M. (1992) Examining the link between leader-member exchange and subordinate performance: The role of task analyzability and variety as moderators. *Journal of Management*, 18(1), 59-76.

Floyd, S. W. & Lane, P. J. (2000). Strategizing throughout the organization: Management role conflict in strategic renewal. *Academy of Management Review*, 25(1), 154-177.

Folger, R. G. & Cropanzano, R. (1998). *Organizational justice and human resource management*, Sage Publications.

Ford, H. (1988). *Today and tomorrow (Commemorative edition of Ford's 1926 classic).*

Productivity Press; Reprint（竹村健一訳（1991）「ヘンリ・フォード自伝　藁のハンドル―資本主義を最初に実現した男の魂」祥伝社）

Fredrickson, B. L. (1998). What good are positive emotions? *Review of general psychology*, 2 (3), 300-319.

Fredrickson, B. L. (2001). The role of positive emotions in positive psychology: The broaden-and-build theory of positive emotions. *American psychologist*, 56(3), 218-226.

Gatrell, C. J., Burnett, S. B., Cooper, C. L., & Sparrow, P. (2013). Work-life balance and parenthood: A comparative review of definitions, equity and enrichment. *International Journal of Management Reviews*, 15(3), 300-316.

Gerstner, C. R. & Day, D. V. (1997). Meta-analytic review of leader-member exchange theory: Correlates and construct issues. *Journal of Applied Psychology*, 82, 827-844.

Gilliland, S. W. & Gilliland, C. K. (2001). An organizational justice analysis of diversity training. In Gilliand, S. W., Steiner, D. D., & Skarlicki, D. (Eds.) (2001). *Theoretical and cultural perspectives on organizational justice*. IAP, pp. 139-160.

Goff, S. J., Mount, M. K., & Jamison, R. L. (1990). Employer supported childcare, work/family conflict, and absenteeism: A field study. *Personnel Psychology*, 43, 793-809.

Goodstein, J. D. (1994) Institutional pressures and strategic responsiveness: Employer involvement in work-family issues. *Academy of Management Journal*, 37, 350-382.

Graen, G. B. & Uhl-Bien, M. (1995a). Relationship-based approach to leadership: Development of leader-member exchange (LMX) theory of leadership over 25 years: Applying a multi-level multidomain perspective. *The Leadership Quarterly*, 6(2), 219-247.

Graen, G. B. & Uhl-Bien, M. (1995b). The transformation of professionals into self-managing and partially self-designing contributors: Toward a theory of leadership-making. *Journal of Management Systems*, 3, 25-39.

Greenblatt, E. (2002). Work/life balance: Wisdom or whining. *Organisational Dynamics*, 31 (2), 177-193.

Greenhaus, J. H. & Beutell, N. J. (1985). Sources of conflict between work and family roles. *Academy of Management Review*, 10(1), 76-88.

Greenhaus, J. H. & Powell, G. N. (2006). When work and family are allies: A theory of work-family enrichment. *Academy of Management Review*, 31(1), 72-92.

Guest, D. E. (2002). Perspectives on the study of work-life balance. *Social Science Information*, 41(2), 255-279.

Hackman, J. R. & Oldham, G. R. (1976). Motivation through the design of work: Test of a theory. *Organizational Behavior and Human Performance*, 16(2), 250-279.

Hackman, J. R. & Oldham, G. R. (1980). *Work redesign*. Reading, MA: Addison-Wesley.

Hakanen, J. J., Schaufeli, W. B., & Ahola, K. (2008). The job demands-resources model: A three-year cross-lagged study of burnout, depression, commitment, and work engagement. *Work & Stress*, 22(3), 224-241.

Hakanen, J. J., Peeters, M. C., & Perhoniemi, R. (2011). Enrichment processes and gain spirals at work and at home: A 3-year cross-lagged panel study. *Journal of Occupational and Organizational Psychology*, 84(1), 8-30.

Halpern, D. F. (2005). How time-flexible work policies can reduce stress, improve health, and save money. *Stress and Health*, 21, 157-168.

Hammer, L. B., Kossek, E. E., Yragui, N. L., Bodner, T. E., & Hanson, G. C. (2009). Development and validation of a multidimensional measure of family supportive supervisor behaviors (FSSB). *Journal of Management*, 35(4), 837-856.

Harrison, D. A., Kravitz, D. A., Mayer, D. M., Leslie, L. M., & Lev-Arey, D. (2006). Understanding attitudes toward affirmative action programs in employment: Summary and meta-analysis of 35 years of research. *Journal of Applied Psychology*, 91, 1013-1036.

Heilman, M. E. & Alcott V. B. (2001). What I think you think of me: Women's reactions to being viewed as beneficiaries of preferential selection. *Journal of Applied Psychology*, 86, 574-582.

Hirst, G., van Knippenberg, D., Chen, C. H., & Sacramento, C. A. (2011). How does bureaucracy impact individual creativity? A cross-level investigation of team contextual influences on goal orientation—creativity relationships. *Academy of Management Journal*, 54, 624-641.

Hobfoll, S. E. (1989). Conservation of resources: A new attempt at conceptualizing stress. *American psychologist.* 44(3), 513-524.

Hobfoll, S. E. (1998). *The psychology and philosophy of stress, culture, and community*. New York: Plenum.

Hobfoll, S. E. (2001). The influence of culture, community, and the nested-self in the stress process: advancing conservation of resources theory. *Applied Psychology*, 50(3), 337-421.

Hobfoll, S. E. (2002). Social and psychological resources and adaptation. *Review of general psychology.* 6(4), 307-324.

Huselid, M. A. & Becker, B. E. (2010). Bridging micro and macro domains: Workforce differentiation and strategic human resource management. *Journal of management*, 37, 421-437.

Idaszak, J. R. & Drasgow, W. F. (1987). A revision of the job diagnostic survey: Elimination of measurement artifacts. *Journal of Applied Psychology*, 72, 69-74.

Ingram, P. & Simons, T. (1995). Institutional and resource dependence determinants of responsiveness to work-family issues. *Academy of Management Journal*, 38, 1466-1482.

Iyer, A., Leach, C. W., & Crosby, F. J. (2003). White guilt and racial compensation: The benefits and limits of self-focus. *Personality and Social Psychology Bulletin*, 29, 117-129.

James, E. H., Brief, A. P., Dietz, J., & Cohen, R. R. (2001). Prejudice matters: Understanding the reactions of whites to affirmative action programs targeted to benefit blacks. *Journal of Applied Psychology*, 86, 1120-1128.

Judge, T. A., Ilies, R., & Scott B. A. (2006). Work-family conflict and emotions: Effects at work and at home. *Personnel Psychology*, 59(4), 779-814.

Klein, K. J., Berman, L. M., & Dickson, M. W. (2000). May I work part-time? An exploration of predicted employer responses to employee requests for part-time work. *Journal of Vocational Behavior*, 57(1), 85-101.

Kossek, E. E. & Nichol, V. (1992). The effects of on-site child care on employee attitudes and performance. *Personnel Psychology*, 45, 485-509.

Kossek, E. E., Baltes, B. B. & Matthews, R. A. (2011). How work-family research can finally have an impact in organizations. *Industrial and Organizational Psychology*, 4, 352-369.

Kravitz, D. A. (1995). Attitudes toward affirmative action plans directed at blacks: Effects of plan and individual differences. *Journal of Applied Social Psychology*, 25, 2192-2220.

Lambert, S. J. (2000). Added benefits: The link between work-life benefits and organizational citizenship behavior. *Academy of Management Journal*, 43, 801-815.

Lewis, S. (1997). "Family friendly" employment policies: A route to changing organizational culture or playing about at the margins? *Gender, Work and Organization*, 4, 13-24.

Lowery, B. S., Unzueta, M. M., Knowles, E. D., & Goff, P. A. (2006). Concern for the in-group and opposition to affirmative action. *Journal of Personality and Social Psychology*, 90, 961-974.

MacKinnon, D. P., Lockwood, C. M., Hoffman J. M., West S. G., & Sheets, V. (2002). A comparison of methods to test mediation and other intervening variable effects.

Psychological Methods, 7, 83-104.

Madjar, N., Oldham, G. R., & Pratt, M. G. (2002). There's no place like home? The contributions of work and nonwork creativity support to employees' creative performance. *Academy of Management Journal,* 45, 757-767.

March, J. G. & Simon, H. A. (1993). *Organizations (2nd ed).* Malden, MA: Blackwell (高橋伸夫訳 (2014)『オーガニゼーションズ第2版』ダイヤモンド社).

Marescaux, E., De Winne, S., & Sels, L. (2013). HR practices and affective organizational commitment: (When) does HR differentiation pay off? *Human Resource Management Journal,* 23(4), 329-345.

Martins, L. L. & Parsons, C. K. (2007). Effects of gender diversity management on perceptions of organizational attractiveness: The role of individual differences in attitudes and beliefs. *Journal of Applied Psychology,* 92, 865-875.

Masterson, S. S., Lewis, K., Goldman, B. M., & Taylor, M. S. (2000). Integrating justice and social exchange: The differing effects of fair procedures and treatment on work relationships. *Academy of Management Journal,* 43, 738-748.

McCarthy, A., Darcy, C., & Grady, G. (2010). Work-life balance policy and practice: Understanding line manager attitudes and behaviors. *Human Resource Management Review,* 20(2), 158-167.

Meyer, C. S., Mukerjee, S., & Sestero, A. (2001). Work-life benefits: Which ones maximize profits? *Journal of Managerial Issues,* 13, 28-44.

Morrison, E. W. & Phelps, C. C. (1999). Taking charge at work: Extra-role efforts to initiate workplace change. *Academy of Management Journal,* 42, 403-419.

Oldham, G. R. & Cummings, A. (1996). Employee creativity: Personal and contextual factors at work. *Academy of Management Journal,* 39, 607-634.

Organ, D. W., Podsakoff, P. M., & MacKenzie, S. B. (2006). *Organizational citizenship behavior: Its nature, antecedents, and consequences.* Sage Publications (上田泰訳 (2007)『組織市民行動』白桃書房).

Özbilgin, M. F., Beauregard, T. A., Tatli, A., & Bell, M. P. (2011). Work-life, diversity and intersectionality: A critical review and research agenda. *International Journal of Management Reviews,* 13(2), 177-198.

Perry-Smith, J. E. & Blum, T. C. (2000). Work-family human resource bundles and perceived organizational performance. *Academy of Management Journal,* 43(6), 1107-1117.

Podsakoff, P. M., MacKenzie, S. B., Moorman, R. H., & Fetter, R. (1990). Transformational leader behaviors and their effects on followers' trust in leader, satisfaction, and organizational citizenship behavior. *The Leadership Quarterly*, 1(2), 107-142.

Poelmans, S. & Beham, B. (2008). The moment of truth: Conceptualizing managerial work-life policy allowance decisions. *Journal of Occupational and Organizational Psychology*, 81 (3), 393-410.

Poelmans, S., Stepanova, O., & Masuda, A. (2008). Positive spillover between personal and professional life: Definitions, antecedents, consequences, and strategies. In Korabik, K., Lero, D. S., & Whitehead, D. L. (eds.) *Handbook of work-family integration: Research, theory, and best practices* (pp. 141-156). San Diego, CA: Academic Press.

Powell, G. N. & Mainiero, L. A. (1999). Managerial decision making regarding alternative work arrangements. *Journal of Occupational and Organizational Psychology*, 72(1), 41-56.

Powell, G. N. & Eddleston, K. A. (2008). The paradox of the contented female business owner. *Journal of Vocational Behavior*, 73(1), 24-36.

Rogier, S. A. & Padgett, M. Y. (2004). The impact of utilizing a flexible work schedule on the perceived career advancement potential of women. *Human Resource Development Quarterly*, 15, 89-106.

Rousseau, D. M. (2005). *I-deals, idiosyncratic deals employees bargain for themselves.* New York: ME Sharpe.

Rothausen, T. J., Gonzalez, J. A., Clarke, N. E., & O'Dell, L. L. (1998). Family-friendly backlash—fact or fiction? The case of organizations' on-site childcare centers. *Personnel Psychology*, 51, 685-706.

Salanova, M., Agut, S., & Peiró, J. M. (2005). Linking organizational resources and work engagement to employee performance and customer loyalty: The mediation of service climate. *Journal of Applied Psychology*, 90(6), 1217-1227.

Scandura, T. A. & Lankau, M. J. (1997). Relationships of gender, family responsibility and flexible work hours to organizational commitment and job satisfaction. *Journal of Organizational Behavior*, 18, 377-391.

Sobel, M. E. (1982). Asymptotic confidence intervals for indirect effects in structural equation models. In S. Leinhart (Ed.), *Sociological Methodology* (pp. 290-312). San Francisco: Jossey-Bass.

Shalley, C. E. & Gilson, L. L. (2004). What leaders need to know: A review of social and contextual factors that can foster or hinder creativity. *Leadership Quarterly*, 15, 33-53.

Shepard, E., Clifton, T., & Kruse, D. (1996). Flexible work hours and productivity: Some evidence from the pharmaceutical industry. *Industrial Relations*, 35, 123-139.

Shi, W., Markoczy, L., & Dess, G. G. (2009). The role of middle management in the strategy process: Group affiliation, structural holes, and tertius Iungens. *Journal of Management*, 35(6), 1453-1480.

Straub, C. (2012). Antecedents and organizational consequences of family supportive supervisor behavior: A multilevel conceptual framework for research. *Human Resource Management Review*, 22(1), 15-26.

Tangirala, S., Green, S. G., & Ramanujam, R. (2007). In the shadow of the boss's boss: Effects of supervisors' upward exchange relationships on employees. *Journal of Applied Psychology*, 92(2), 309-320.

Tougas, F., Brown, R., Beaton, A. M., & Joly, S. (1995). Neosexism: Plus ca change, plus c'est pareil. *Personality and Social Psychology Bulletin*, 21, 842-849.

Veiga J. F., Baldridge D. C., & Eddleston K. A. (2004). Toward understanding employee reluctance to participate in family-friendly programs. *Human Resource Management Review*, 14, 337-351.

Wayne, J. H., Musisca, N., & Fleeson, W. (2004). Considering the role of personality in the work-family experience: Relationships of the big five to work-family conflict and facilitation. *Journal of Vocational Behavior*, 64, 108-130.

Wayne, J. H., Grzywacz, J. G., Carlson, D. S., & Kacmar, K. M. (2007). Work-family facilitation: A theoretical explanation and model of primary antecedents and consequences. *Human Resource Management Review*, 17, 63-76.

Wrzesniewski, A. & Dutton, J. E. (2001). Crafting a job: Revisioning employees as active crafters of their work. *Academy of Management Review*, 26, 179-201.

Xanthopoulou, D., Bakker, A. B., Dollard, M. F., Demerouti, E., Schaufeli, W. B., Taris, T. W., & Schreurs, P. J. (2007). When do job demands particularly predict burnout?: The moderating role of job resources. *Journal of Managerial Psychology*, 22(8), 766-786.

Zhang, X. & Bartol, K. M. (2010). Linking empowering leadership and employee creativity: The influence of psychological empowerment, intrinsic motivation, and creative process engagement. *Academy of Management Journal*, 53, 107-128.

Zhou, J. & George, J. M. (2001). When job dissatisfaction leads to creativity: Encouraging the expression of voice. *Academy of Management Journal*, 44(4), 682-696.

Zhou, L., Wang, M., Chen, G., & Shi, J. (2012). Supervisors' upward exchange relationships and subordinate outcomes: Testing the multilevel mediation role of empowerment. *Journal of Applied Psychology*, 97(3), 668-680.

初出一覧

第 2 章

Influence of family domain on employee creativity in Japan: Role of family-to-work facilitation and work environment (with T. Sekiguchi) *Japan Social Innovation Journal* 4(1), 34-43.（2014 年）

第 3 章

「ワーク・ライフ・バランス支援制度の利用が地方公務員にもたらす効果」（単著）『兵庫自治学』21, 96-106.（2015 年）

第 4 章

「ミドルマネジャーの職場環境と従業員のワーク・ライフ・バランス―部下の家庭生活・個人生活の充実に対する寛容度についての実証分析」（単著）『経営行動科学』28（1），19-38 頁（2015 年）（2016 年経営行動科学学会奨励研究賞受賞）

第 5 章

「職場の同僚に着目したワーク・ライフ・バランス支援制度の利用促進に関連する要因の検討―地方自治体における実証分析」（関口倫紀との共著）『日本労働研究雑誌』635, 92-105.（2013 年）

第 6 章

「恩恵を受けない従業員にも配慮したワーク・ライフ・バランス支援に求められるもの―ポジティブ・アクションに対する非受益者の心理を手掛かりとした考察」『大阪大学経済学』64（1）48-64.（2014 年）

あとがき

　本書は，著者の社会人時代の経験や職場の観察を踏まえて，大阪大学大学院経済学研究科の博士論文を書籍化した。僭越ながら，ここで著者の経験についてまず記していきたい。少しでも参考になる点があれば幸いである。

　学生時代に憲法を学び，地元の地方自治体に就職し，地方公務員として定年を迎えるとずっと思っていた。そんな私のキャリアを変えるきっかけとなった仕事が，十数年前の公務災害の認定業務であった。労働法，医学的な知識など学ぶことも多かったが，私の心に強く引っかかったのは，脳・心臓疾患，精神疾患といった過重労働の問題であった。世間の印象とは異なり，責任感の強い公務員が，周囲の助けも得られず苦しみながら働いている姿を目の当たりにした。労働者に役立つ勉強をしたいと思い，30代になって組織行動論や労働経済学を学んでいるときに，ワーク・ライフ・バランスの概念と出会った。

　同じ時期，本書の第5章作成のきっかけとなる出来事と遭遇した。私と同じ係の女性が，産前産後休暇・育児休業を2回取得し，復帰後は短時間勤務となった。育児は社会で支えるものであり，不満を持つのは意識の問題であると言われることに若干違和感を覚えた。他の同僚に尋ねると，職員によって納得度に違いがあり，納得するかどうかは職場の要因も大きいのではという意見を頂戴した。これが私の研究の出発点となった。

　その後，大阪大学大学院経済学研究科では，人的資源管理論・組織行動論の関口倫紀教授（現京都大学）のもと，組織行動論・人的資源管理論を学んだ。関口教授の熱心かつ緻密な指導のもと，研究の醍醐味を味わった。

日々の業務や職場で見聞きしたことが，仕事に役立つこともあった。調整業務を担当したり部下を持つようになったりすると，上司であってもそれほど自由な存在ではないことや，上司の上役との関係やサポート次第で，業務遂行に大きな影響を及ぼすことを肌で感じた。また，ワーク・ライフ・バランスと一括りにいっても，育児・介護と，大学院・ボランティアでは周囲の反応が違うことを実感した。こうして，第4章の作成につながった。

　一方で，仕事と勉強との両立は想像以上に大変であった。主に昼休みや通勤時間などに文献を読み漁り，土日を中心に論文執筆に取り組んだ。業務の多忙さのため，研究が完全に行き詰まって休学し，博士号の学位取得をほぼあきらめていたときもあった。そんなときでも，関口教授をはじめとする多くの先生方や，学会での温かいコメントや若手研究者との交流などに，何度も救われて，踏みとどまった。博士前期課程の入学から7年半かかったが，関口教授の粘り強い指導のもと，なんとか博士論文を執筆することができた。そして，兵庫県立大学政策科学研究所の客員研究員を経て，香川大学の教員として新たな人生を歩み始めた。

　ここに一冊の著書として上梓することができたのは，多くの方々の支援のおかげである。特に，指導教官の関口教授の力が大きい。関口教授は，自らを律する力，学生に対する指導熱心さなど，一番近い距離でプロ意識を垣間見る機会を与えてくれて，社会人としても大いに学ぶことがあった。関口教授との出会いがなければ研究者としての人生を歩むことはなかった。多くのことを教えてくれた関口教授には感謝の言葉が見当たらない。

　博士前期課程および後期課程で学んだ大阪大学大学院経済学研究科では，多くのことを学んだ。修士論文および博士論文の副査である小林敏男教授は，面接入試の時から，お世話になっている。ロジックや用語の厳密性の大切さなど，多くのことを教わった。また，博士論文の副査の中川功

あとがき

一准教授からは，広い視点から物事をとらえることの大切さを教えられた。また，修士論文の副査である金井一頼教授（現大阪商業大学）からは，データだけでなく現実も見ること，違った角度から物事をとらえることの大切さを学んだ。

また，松繁寿和教授（大阪大学）からは，統計データの扱い方や労働経済学，そして社会に広く目を向ける姿勢を学んだ。また，川口章教授（同志社大学）からは，ゼミ生同様に学ぶ機会を与えていただき，ワーク・ライフ・バランスについて幅広く学んだ。松繁教授および川口教授からは，いつも助言と励ましの言葉をいただき，私の研究の継続に大きく貢献していただき，深く感謝している。

本章の章立ては，学会発表を行った別々の論文をもとに構成している。学会でのコメントを通じて，より学術的に内容が深まったと実感している。報告の機会を与えていただいた，経営行動科学学会および日本労務学会に感謝している。まず，藤本哲史教授（同志社大学）からは学会でコメントをいただいただけでなく，著者の初めての学会のときに肯定的なコメントをいただき，博士後期課程進学への後押しとなった。早くからワーク・ライフ・バランスの普及に多大な貢献をされた佐藤博樹教授（中央大学）および武石恵美子教授（法政大学）からも，有益なコメントをいただき，研究の進展と研究意欲の向上につながった。三崎秀央教授（兵庫県立大学）は丹念に発表資料を見ていただき重要なコメントをいただいた。また，上林憲雄教授（神戸大学），坂爪洋美教授（法政大学），赤岡功学長（星城大学），池田心豪主任研究員（労働政策研究・研修機構），三輪卓己教授（京都産業大学），谷口真美教授（早稲田大学），森田雅也教授（関西大学），中嶋哲夫氏（MBO実践支援センター）からも学会で非常に有益なコメントをいただいた。ここには挙げられなかった，多くの先生も含めて，心より御礼申し上げたい。

また，私が研究を続けるにあたって，研究仲間の存在も大きな支えとなった。牧美喜男氏，歴傑氏をはじめとする関口ゼミのメンバーおよび戎谷梓助教（大阪大学）とは，互いに切磋琢磨して研究に打ち込むだけでな

く，国籍や世代を超えて交流し，充実した学生生活を送ることにつながった．また，藤井英彦氏（大阪ガス），柿澤寿信講師（大阪大学），岡嶋裕子助教（大阪大学），荻布彦氏（富山県庁）などの勉強仲間とは，実務面からの議論を行うだけでなく，同じ社会人学生の立場で語り合い，私の支えとなった．

また，現在勤務している香川大学では，原直行経済学部長，朴恩芝経営システム学科長をはじめ多くの先生や事務スタッフにお世話になっており，日々感謝している．すべての方にこの場で御礼申し上げたいところであるが，とりわけ，松岡久美准教授からは，いつもご厚情をいただき，心底感謝している．

前職の兵庫県庁でも多くの方々のお世話になった．後で考えると，自分が苦労した体験が，後々に仕事にも研究にも役立っていた．特に最後の職場となった企画県民部統計課において，私を快く見送ってくれた浅田課長および梶本副課長，私とともに働いた経済統計班の仲間との思い出は一生忘れられないだろう．ここに記載することのできなかった多数の職員とともに，感謝申し上げたい．

さらに，本書は，日本学術振興会科学研究費補助金研究成果公開促進費（JSPS KAKENHI Grant Number JP16HP5159）の助成を受けて刊行した．本書を上梓する機会を与えていただいたことに感謝申し上げたい．また，第4章における分析のため，東京大学社会科学研究所付属社会調査・データアーカイブ研究センターSSJデータアーカイブから「ワーク・ライフ・バランスに関する調査（連合総合生活開発研究所）」の個票データの提供を受けている．さらに，お忙しい中，第3章および第5章で用いた質問紙調査に協力していただいたA県の職員の方にも感謝の意を伝えたい．

また，本書の出版を快く引き受けていただいた大阪大学出版会の岩谷美也子編集長，川上展代氏には非常にお世話になった．心から御礼申し上げたい．

なお，多くの方々からご厚情とご支援をいただいたものの，筆者の浅学のために本書に存在する誤謬等はすべて私の責任である．

あとがき

　最後に，私事で恐縮であるが，私の家族からも多大な支援を受けた。私を育ててくれた父母には感謝している。また，私を和ませて活力を与えてくれる娘，私のことを理解して支えてくれて，公務員から大学教員への転職を認めてくれた妻にも，感謝の気持ちを伝えたい。

2017年2月

細見　正樹

索　引

あ行

育児休暇，育児休業　71, 103, 138, 146
イノベーション　23
援助行動　48, 50, 55, 61
大部屋主義　122

か行

介護休業　71, 103
拡張形成理論　26, 29, 41
家庭生活　25, 40, 71, 76, 91
寛容度　9, 68, 92, 104, 154
基幹労働化　157
勤務地限定　157
草の根レベル　143
欠勤率　46
権限移譲　28, 143
肯定的（な）意味づけ　52, 61
公式性　36, 167
衡平理論　72, 106, 140
互酬性　52, 61
個人生活　71, 76, 85, 91
コミットメント　47
雇用区分　157

さ行

在宅労働者　164
裁量度合い　73, 157
ジェンダー意識　138
資源保存理論　10, 24, 40, 93
仕事の要求度　73, 92
社会的交換理論　52
集権性　28, 40
情緒的コミットメント　22
職場風土　104, 120,
職務自由度，担当職務の自由度　27, 39, 76, 92, 110, 121
職務態度　21, 60, 102, 157
職務特性理論　27, 76, 110
職務満足（度）　50, 61
女性の職業生活における活躍の推進に関する法律（女性活躍推進法）　130
ジョブ・クラフティング　52
新制度派組織理論　142, 160
心理的契約　165
ストレス　10, 51, 73, 94, 109
成果主義　9, 157
生産性　46, 162
創造的職務行動　23, 39
相互作用的公正　135, 142, 145

ソーシャル・サポート　71

た行

ダイバーシティ　41, 143, 145, 157
タレント・マネジメント　156, 165
長時間労働　50, 95, 105, 108
手続き主義　104, 122
手続き的公正　135, 141, 145

は行

非受益者　131, 140, 146
ファミリー・フレンドリー　70
フレックスタイム　46, 138
分配的公正　134, 140, 144
ポジティブ・アクション（「PA」）　129, 136, 145
ボランティア　48, 71, 95, 139

ま行

マタニティ・ハラスメント　8
ミドルマネジャー　66, 75, 92, 95
メンバーシップ型　165
モチベーション　27, 95, 131
モラール　47

ら行

離職率　47
リソース　10, 25, 41, 73, 154
労働契約法　6

わ行

ワーク・ファミリー・コンフリクト（WFC）　22, 50, 107
ワーク・ファミリー・ファシリテーション（WFF）　22
ワーク・ライフ・バランス（Work-life balance）　4, 6

A–Z

Job Demands-Resources（JD-R）モデル　66, 72
Leader-leader exchange：LLX　78
Leader-member exchange：LMX　78, 108, 143
QWL（Quality of working life：労働生活の質）　7
WLB 支援制度　4, 5, 49, 71
WLB 施策　5, 79, 92

細見 正樹（ほそみ まさき）

1974年生まれ。人的資源管理論，組織行動論専攻。経営学博士（大阪大学），法学修士（同志社大学）。1998年兵庫県奉職後，企画県民部統計課主幹（商工業統計担当）のほか，公務災害，不当労働行為，雇用支援などの業務に従事。大手前大学現代社会学部非常勤講師，兵庫県立大学政策科学研究所客員研究員を経て，2016年10月より香川大学経済学部講師。

主要著作

「職場の同僚に着目したワーク・ライフ・バランス支援制度の利用促進に関連する要因の検討―地方自治体における実証分析」（共著）日本労働研究雑誌 635, 92-105（2013年）

Influence of family domain on employee creativity in Japan: Role of family-to-work facilitation and work environment（共著）Japan Social Innovation Journal 4(1), 34-43（2014年）

「ミドルマネジャーの職場環境と従業員のワーク・ライフ・バランス―部下の家庭生活・個人生活の充実に対する寛容度についての実証分析」（単著）『経営行動科学』28(1), 19-38（2015年）（2016年経営行動科学学会奨励研究賞受賞）

ワーク・ライフ・バランスを実現する職場
― 見過ごされてきた上司・同僚の視点 ―

2017年2月28日　初版第1刷発行　　　　　　　　　［検印廃止］

著　者　　細見 正樹

発行所　　大阪大学出版会
　　　　　代表者　三成 賢次

〒565-0871　大阪府吹田市山田丘2-7
　　　　　　大阪大学ウエストフロント
TEL 06-6877-1614
FAX 06-6877-1617
URL：http://www.osaka-up.or.jp

印刷・製本　尼崎印刷株式会社

ⓒ Masaki Hosomi 2017

Printed in Japan

ISBN 978-4-87259-576-5 C3033

Ⓡ〈日本複製権センター委託出版物〉

本書を無断で写真複製（コピー）することは，著作権法上の例外を除き，禁じられています。本書をコピーされる場合は，事前に日本複製権センター（JRRC）の許諾を受けてください。